AUTOPUBLICACIÓN EN PAPEL
(CREATESPACE- LULÚ -BUBOK)

FRANKLIN A. DÍAZ LÁREZ

A las casas editoriales,
dueños absolutos de la verdad
de todos los tiempos.

ÍNDICE

EL COMIENZO

Partamos del punto de tener nuestro libro escrito y corregido, es decir, sin errores ortográficos ni gramaticales. Ya no hay vuelta atrás. Nuestro trabajo está listo para ser publicado. Es muy importante que no haya duda en esto, porque después que hagamos la maquetación completa, si le queremos añadir o quitar elementos correremos el riesgo de trastocar todo lo que hemos hecho. Por eso es de vital importancia que nos tomemos el tiempo que sea necesario para estar seguros y definitivamente conformes con que nuestra obra ya está terminada al ciento por ciento.

Hay distintos procesadores de texto. Los más comunes son el Blog de Notas, el WordPad, el Word de Microsoft, el Abiword, el Tiny Easy Word, Writer de OpenOffice, KOffice y el Google Docs. En este texto daremos las pautas y explicaciones necesarias para maquetar el texto en el formato WORD de MICROSOFT, que como sabemos tiene varias versiones dependiendo del tipo de sistema operativo que tenga instalado nuestro ordenador (MS-DOS, Microsoft Windows, Apple Macintosh o UNIX).

Realizaremos el proceso de maquetación con el formato Word 2.007, que es uno de los más comunes. Sin embargo, todas las indicaciones que se darán aquí tendrán idéntica utilidad y aplicación en el resto de procesadores de texto.

Comenzamos.

MAQUETACIÓN

Este es el primer paso, la ordenación de las páginas iniciales, el índice, la separación de los títulos, capítulos, párrafos y páginas, y la asignación del tipo y tamaño de letra. A este tipo de actividad se le conoce también con el nombre de DIAGRAMACIÓN, porque se supone que lo vamos es a diagramar, a ordenar, a ensamblar nuestro texto de una forma determinada, conforme a unas estipulaciones precisas.

Vamos a preparar, antes que nada, el FORMATO del documento.

Para evitar y depurar cualquier tipo de error oculto en nuestro documento, realizaremos la siguiente operación:

Con nuestro documento abierto en el WORD, nos vamos al comando SELECCIONAR TODO que se encuentra en la parte superior derecha de la pestaña de inicio:

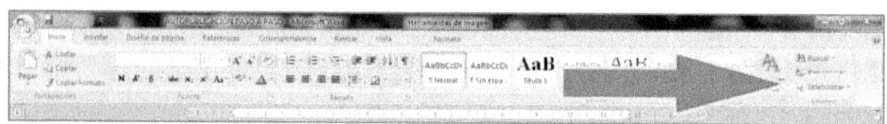

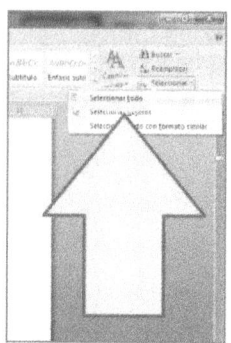

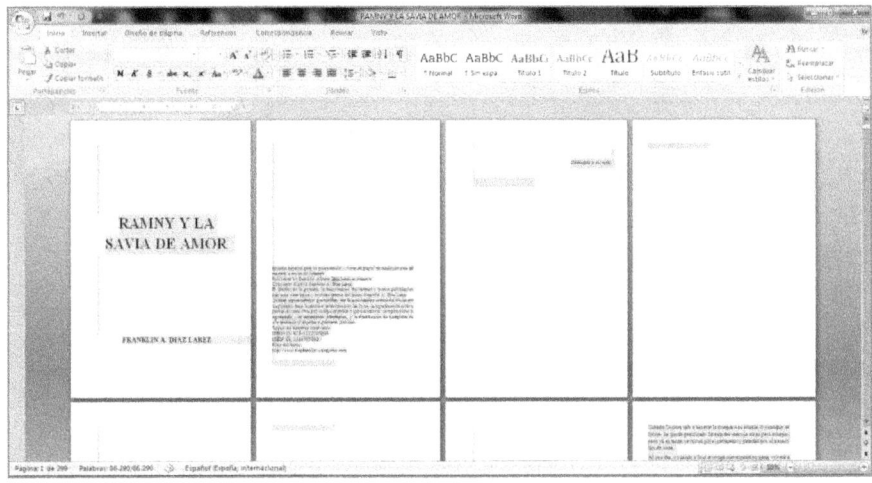

Una vez que tengamos el texto seleccionado, lo cortamos con la tecla CORTAR que se encuentra justo debajo de la pestaña INICIO:

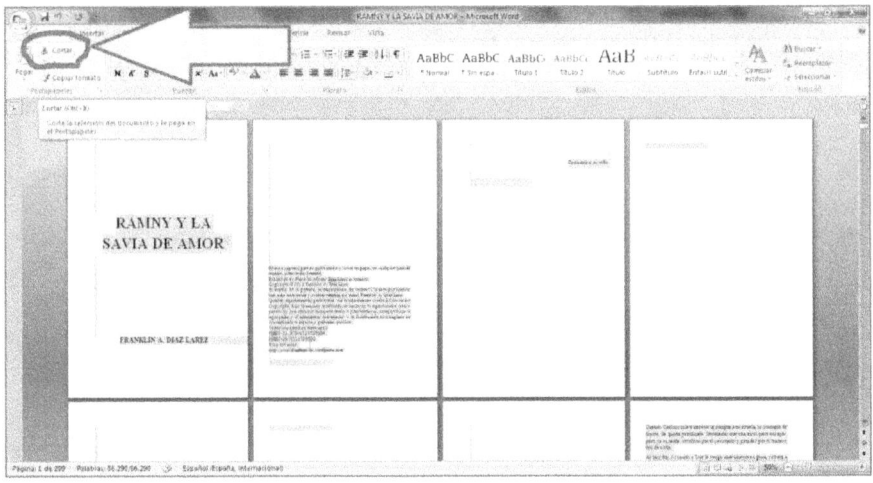

Nos vamos a la pantalla INICIO, abrimos el BLOG DE NOTAS y lo pegamos:

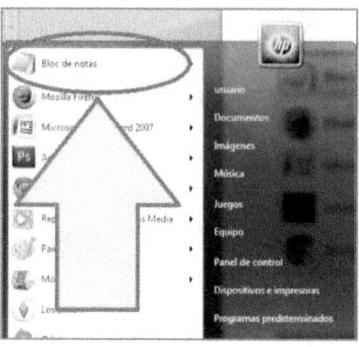

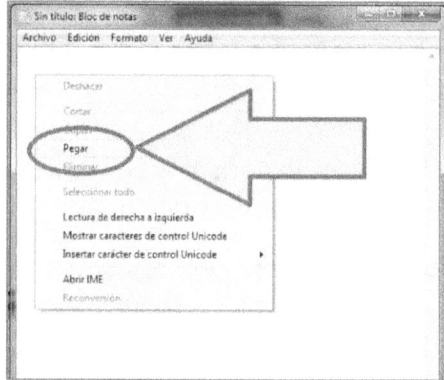

Desde el mismo BLOG DE NOTAS hacemos todas las correcciones que consideremos oportunas, tales como espacios en blanco indebidos, separaciones incorrectas, márgenes mal colocados, etc. Es decir, eliminamos todos los espacios en blanco y separaciones que haya en nuestro texto, y que no se correspondan con los cambios de página.

Es muy importante ser rigurosos en esta depuración, porque con ella limpiaremos toda clase de errores y deficiencias ocultas en nuestro documento de WORD.

Una vez realizada esta operación, guardamos el texto con el BLOG DE NOTAS, colocándole un nombre cualquiera, y lo dejamos allí reservado, por ahora.

Pudiera decirse que ahora mismo lo que tenemos es el TEXTO EN BRUTO. Vamos a ver ahora cómo tenemos que maquetarlo o diseñarlo para publicarlo en CREATESPACE, LULÚ Y BUBOK, cada uno por separado.

PUBLICACIÓN EN CREATESPACE

El primer paso a dar para publicar nuestro libro en este portal es decidir qué tamaño va a tener. Esto es así porque de acuerdo a ello será el documento que vamos a crear seguidamente en el WORD. Dependiendo del tipo de texto que se trate, es decir, si es un libro didáctico, una novela, una revista, etc., será el tamaño que mejor convenga a nuestra obra. Esta es una decisión individual.

No vamos a explicar aquí todos los tamaños uno a uno porque no es necesario. Tomaremos como referencia el más común, el que se utiliza para los libros medios. Decir que estos mismos pasos servirán a cada tipo de texto, con sus diferencias de medidas, obviamente.

Nos vamos a la página de CREATESPACE (http://www.createspace.com) y nos damos de alta, es decir, realizamos el registro correspondiente siguiendo los pasos que nos van indicando. Es muy fácil y sencillo, y no requiere de mayores explicaciones. Solo decir que el registro y todo el proceso es gratuito, no tiene costo alguno.

Una vez que tengamos completado el registro, con nuestro e-mail y contraseña ingresamos a la página y nos vamos a la siguiente dirección:

https://www.createspace.com/en/community/docs/DOC-1323

Se nos abrirá la siguiente página:

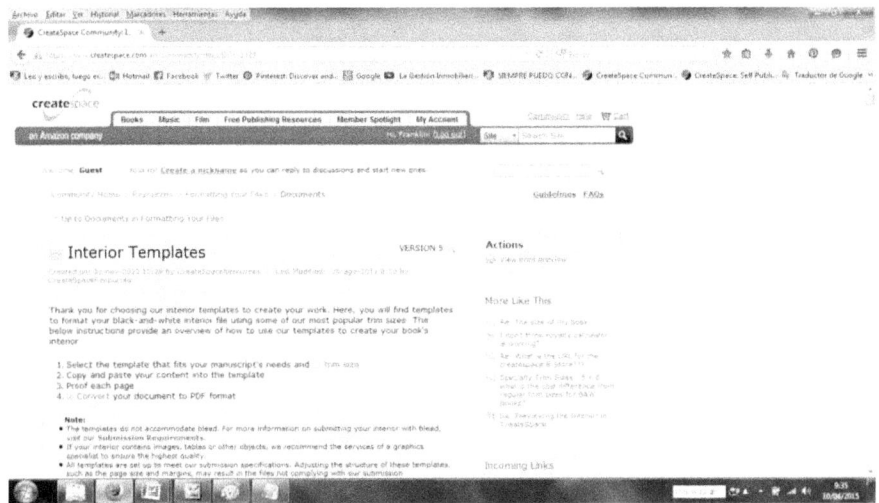

Se trata de la página que contiene las plantillas para cada tipo de documento. Como se puede apreciar en la página, hay 15 tamaños de plantillas diferentes. Nosotros nos vamos al nuestro, el 6 X 9:

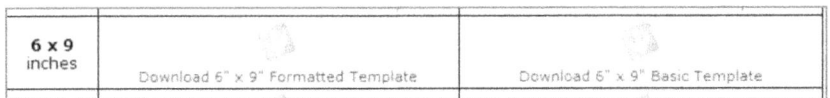

Nos dan dos posibilidades. La primera es de las plantillas con formato (FORMATTED TEMPLATE). Es un modelo que ya tiene colocado los lugares en los que va a ir cada cosa según el criterio elaborado por CREATESPACE.

A nosotros el que nos interesa es el otro, el de la plantilla básica, o sea, el de la derecha. (BASIC TEMPLATE).

Descargamos la plantilla y la abrimos con el WORD. Se nos abrirá este documento:

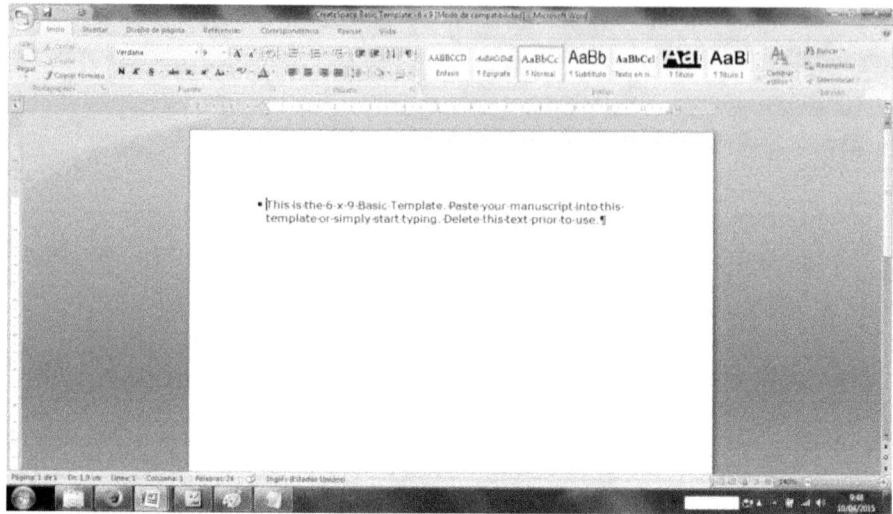

Nos vamos a la pestaña DISEÑO DE PÁGINA:

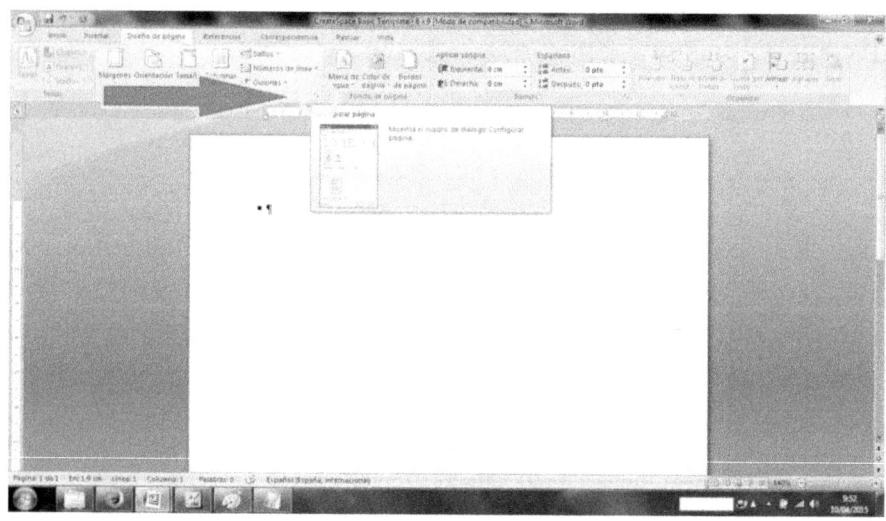

Pulsamos en la flechita que se encuentra al lado de las palabras CONFIGURAR PÁGINA, y se nos abrirá el siguiente cuadro:

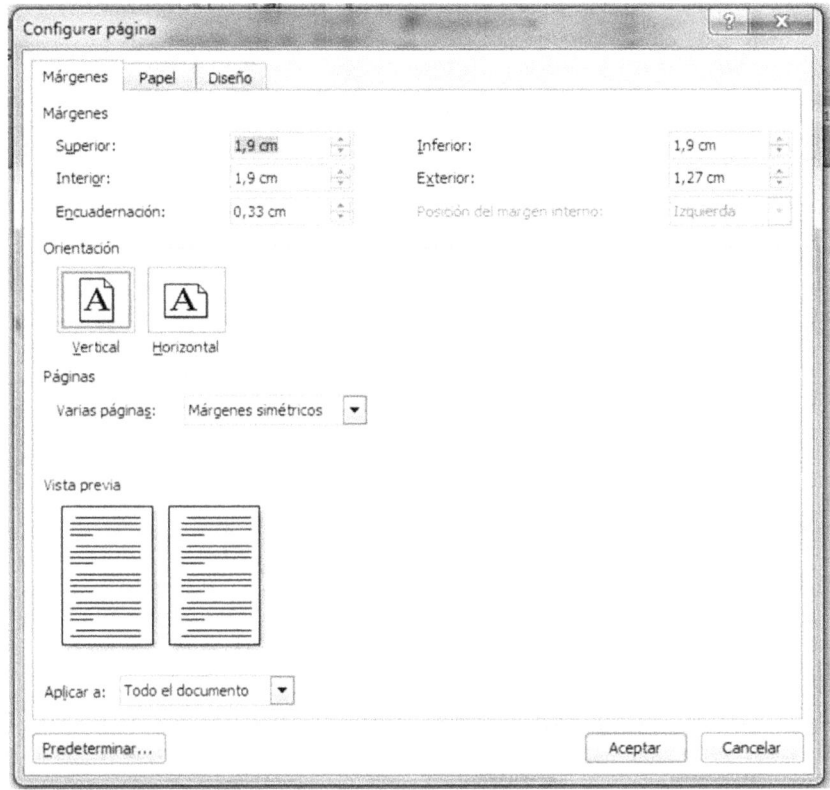

Allí están las medidas que necesitamos para nuestro documento. Tomamos nota de estos datos:

Márgenes:

Superior: 1,9 cm.

Inferior: 1,9 cm.

Interior: 1,9 cm.

Exterior: 1,27 cm.

Encuadernación: 0,33 cm.

Varias páginas: Márgenes simétricos.

Después abrimos la pestaña PAPEL, que está justo al lado:

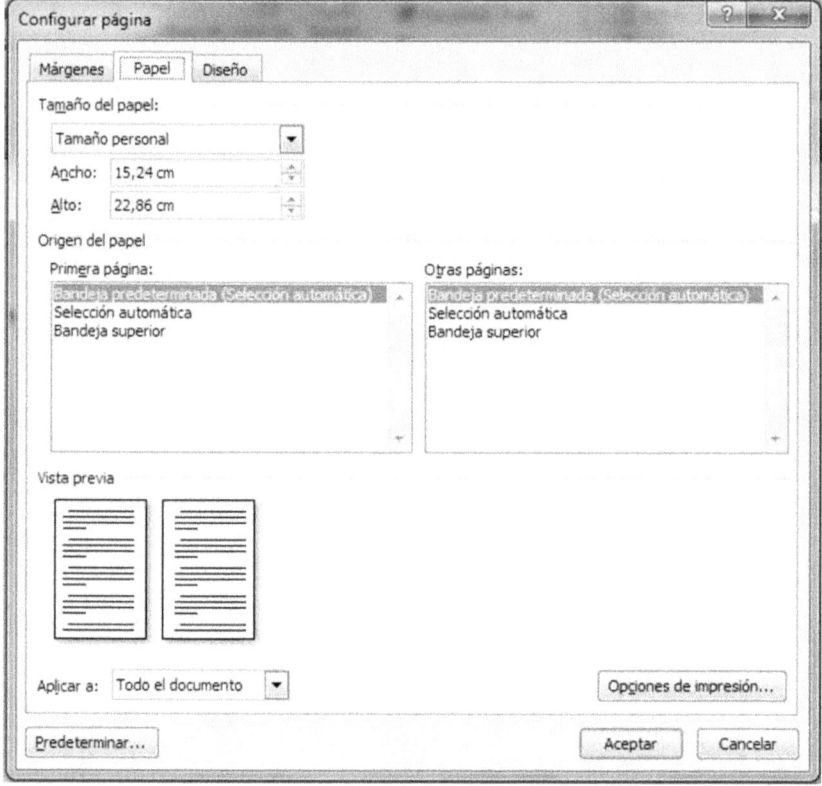

Tomamos nota de estos datos:

Tamaño de papel:

Tamaño personal

Ancho: 15,24 cm.

Alto: 22,86 cm.

Abrimos la pestaña DISEÑO, que se encuentra justo al lado:

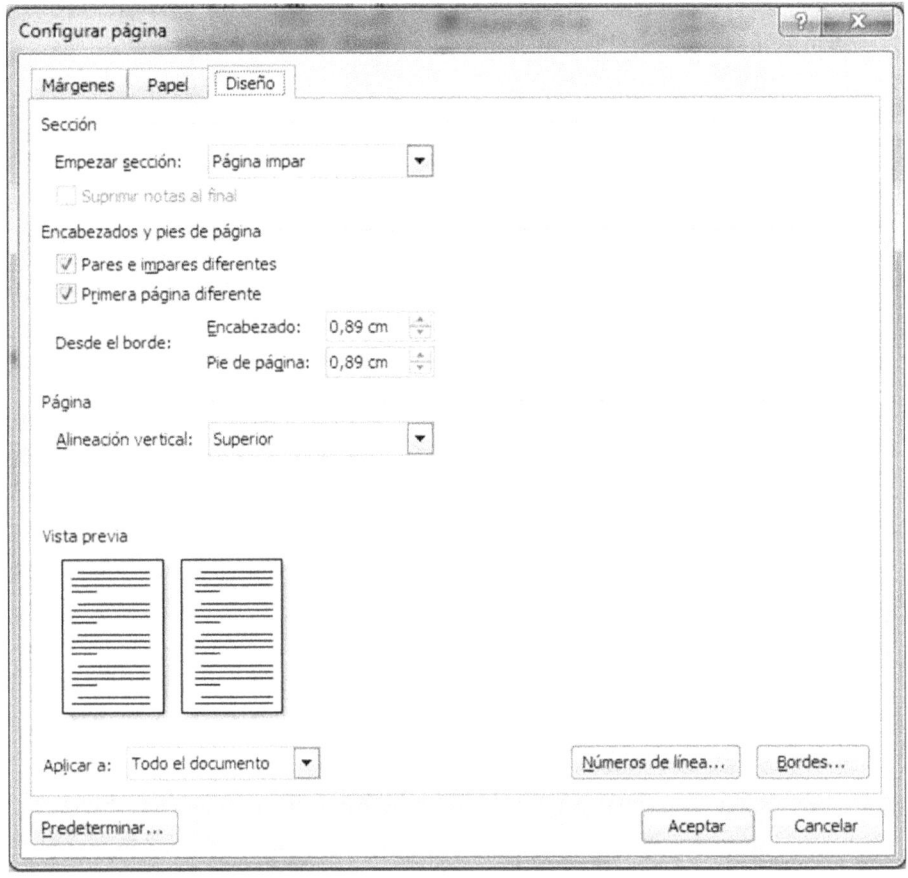

Tomamos nota de estos datos:

Empezar sección: Página impar

Selección de las casillas "PARES E IMPARES DIFERENTES" y "PRIMERA PÁGINA DIFERENTE"

Desde el borde:

Encabezado: 0,89 cm.

Pie de página: 0,89 cm.

Y ya podemos cerrar ese documento.

Abrimos nuevamente el WORD, y ahora sí, vamos a crear nuestro documento.

En este punto cualquiera pudiera estar pensando que para evitar todo este camino de anotaciones y configuraciones, bien podría usarse directamente la plantilla tal cual como nos la hemos descargado. Por experiencia propia sé que algunos procesadores de texto, incluido el WORD con el que estamos trabajando, en ocasiones presentan fallos ocultos y distorsiones a la hora de crear el posterior PDF a partir de la plantilla de CREATESPACE. De allí que, para evitarnos inconvenientes y dudas, sugiero utilizar esta fórmula que he dejado escrita antes paso por paso. Con esto nos evitaremos cualquier tipo de inconveniente posterior.

Continuando con la configuración de nuestro documento, seguiremos con los pasos siguientes:

Una vez abierto un nuevo documento en blanco, vamos a la configuración del tipo de letra. Yo sugiero que se use la del tipo TIMES NEW ROMAN, tamaño 12. Parece ser que es una de las que da menos problemas de impresión y de caracteres a la hora del proceso de crear el PDF posterior (como veremos más adelante) y de subirlo a la plataforma CREATESPACE. Pero bueno, aquí la elección es individual. En todo caso, decir que independientemente del tipo de letra elegida, sí que es aconsejable colocar los datos del título en una letra un poco más grande, y el nombre del autor que va debajo. También, los datos técnicos que se colocan en la parte siguiente a la del título, deberían colocarse en tamaño menor a doce, es decir, a un tamaño más pequeño al que hayamos elegido para el resto del documento.

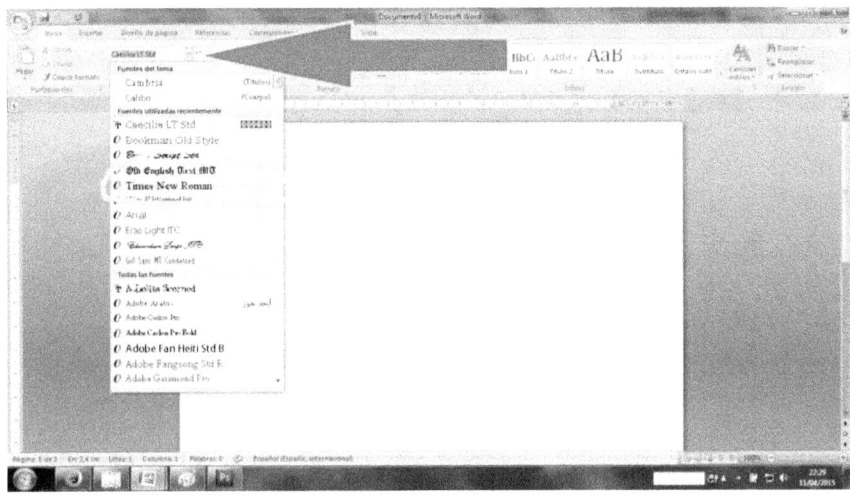

Después de colocar el tipo y número de letra correspondiente, abrimos la pestaña configurar página como lo hicimos antes con el documento de plantilla de CREATESPACE, y colocamos todos los parámetros de los que tomamos nota anteriormente, uno a uno. Debemos ser rigurosos en esto, porque de lo contrario nos vamos a hacer un enredo monumental después, y tendremos que volver a ensamblar y maquetar nuestro documento nuevamente, y eso no es lo que queremos.

Seguimos.

Abrimos el documento que dejamos reservado en el BLOG DE NOTAS, lo seleccionamos todo, lo cortamos y lo pegamos en el documento que acabamos de crear en el WORD. No voy a añadir aquí ninguna imagen porque no creo que sea necesario.

Ahora procederemos con las separaciones en el texto.

Utilizaremos la opción "SALTO DE PÁGINA" que se encuentra en la pestaña "INSERTAR" cada vez que queramos hacer una división entre páginas.

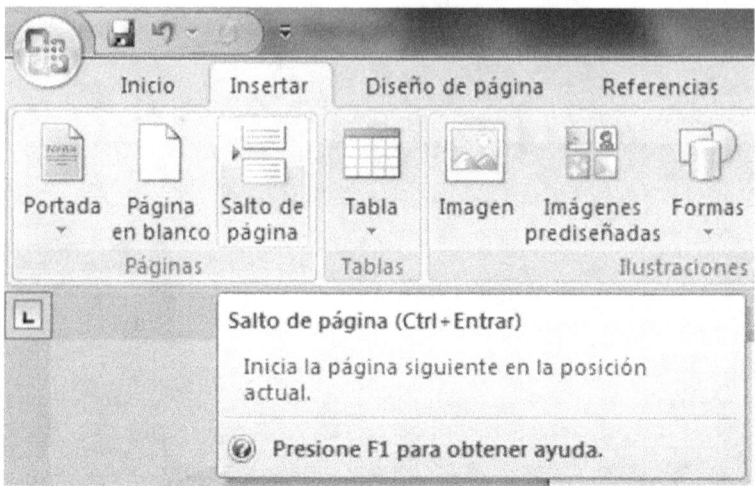

Para observar que cada paso que damos se ha realizado correctamente, seleccionaremos la tecla "MOSTRAR TODO" del menú de INICIO:

De tal manera que si antes veíamos nuestro documento de esta forma:

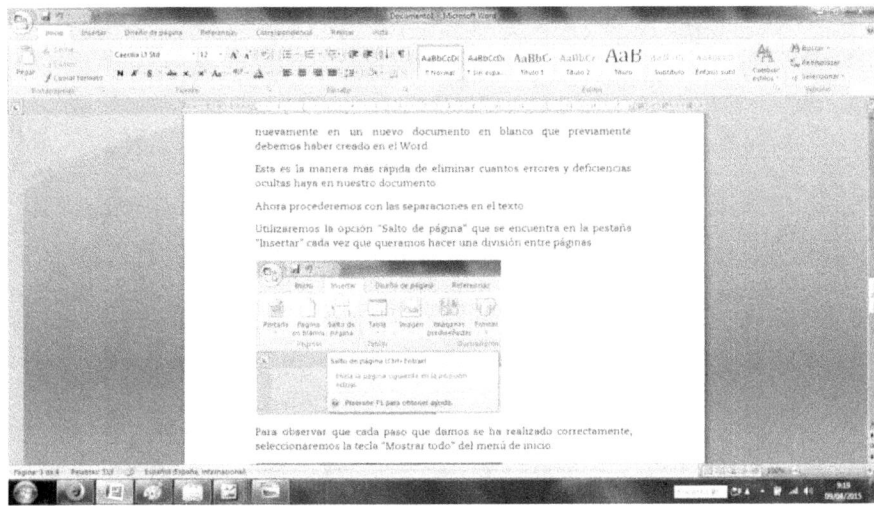

Ahora lo veremos así:

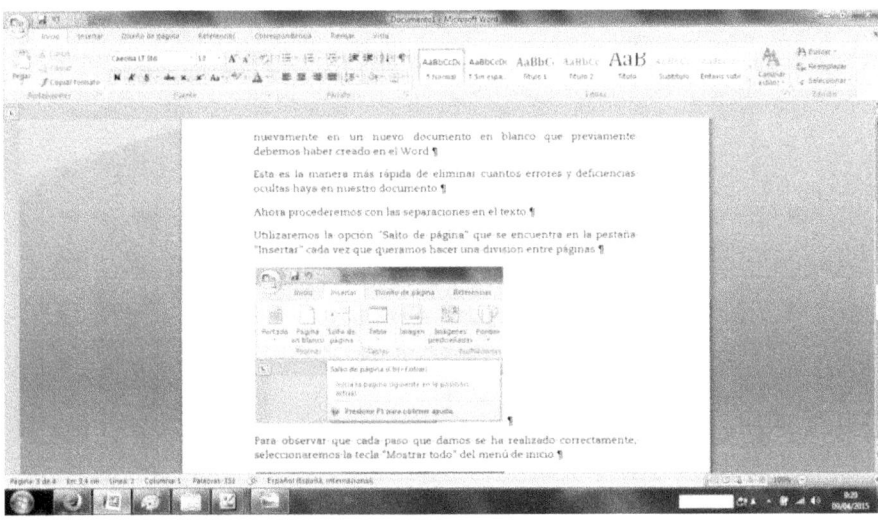

Los primeros saltos de página que vamos a insertar serán los correspondientes a las dos páginas en blanco que vamos a dejar en la entrada de nuestro texto. La tercera página la dedicaremos a colocar el título de nuestra obra y el nombre de autor, como en el ejemplo de la imagen siguiente:

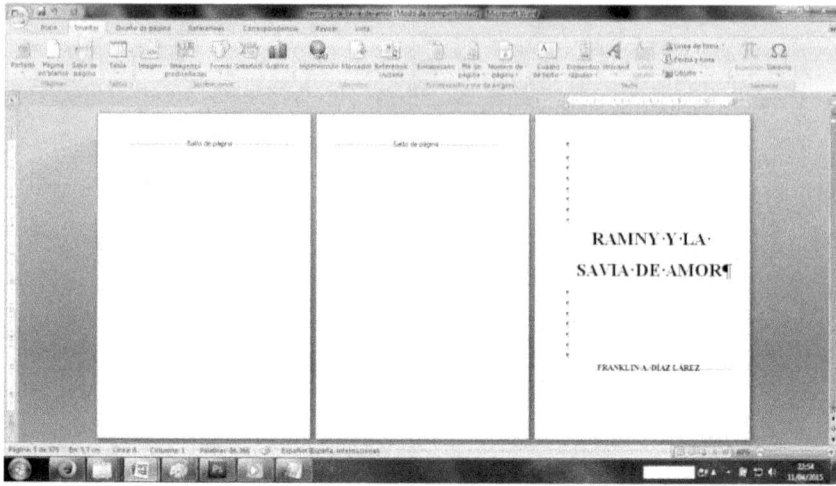

La página cuarta la dedicaremos a los datos técnicos de la obra (ISBN, créditos, fecha de publicación, copyright, etc.). Algo similar a esto:

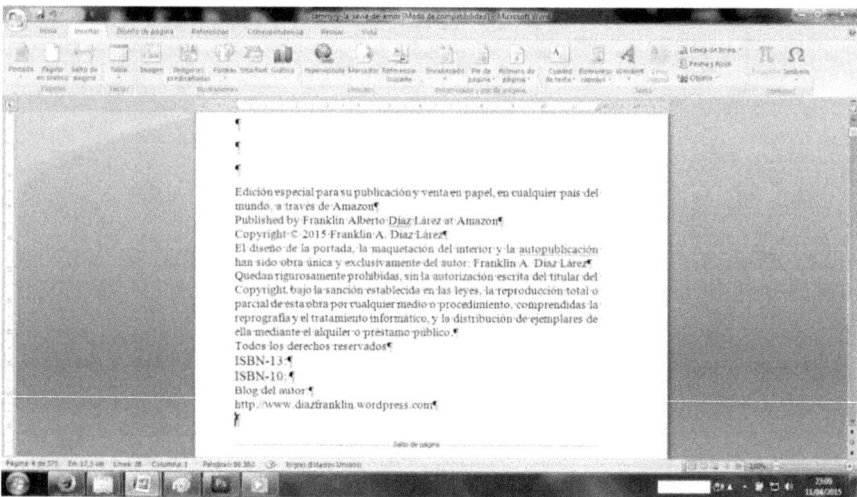

Recordar aquí que aun no debemos dar por terminado el documento ya que precisamente en este lugar es que vamos a colocar el ISBN de nuestra obra, y que luego obtendremos gratis de CREATESPACE, como posteriormente explicaré.

La página quinta, la dedicaremos a colocar las dedicatorias, si es que queremos insertar alguna.

La página sexta la dejamos en blanco. En la página séptima colocamos el índice. De esta manera, el índice siempre quedará en una página impar. Después de colocar el índice, insertaremos los saltos de páginas necesarios para que el comienzo de la obra se encuentre situado también en una página impar. Esto se hace por cuestiones meramente estéticas. Cuando abrimos un libro no esperamos que el índice o el comienzo del primer capítulo se encuentre en la página de la vuelta, sino en la que generalmente se considera como la de enfrente, esto es, la impar.

Decir que no se deben insertar páginas en blanco adicionales al gusto porque después nuestro libro será rechazado por CREATESPACE. No se admiten más de dos páginas en blanco al comienzo y/o final de nuestro libro, ni más de cuatro en el interior. Al menos esa fue la razón que esgrimieron para rechazar uno de mis textos cuando recién comenzaba a publicar en esta plataforma.

Seguimos.

A continuación, separamos todo nuestro documento bajo estas directrices, es decir, insertando saltos de página en cada separación de títulos, capítulos y lugares en los que hayamos considerado prudente u oportuno comenzar en una página diferente.

Decir aquí que es aconsejable insertar dos o más espacios en blanco al comienzo de cada título, capítulo o nueva página. Que no comience desde la parte alta de la página. También, que al final de todo el documento, insertemos dos saltos de página adicionales para que nos queden esas dos últimas páginas finales en blanco.

Añadir también que es aconsejable seleccionar todo el texto de la SECCIÓN SEGUNDA, y alinearlo en la opción JUSTIFICAR, para que nos quede perfectamente ordenado. A diferencia de los libros en formato digital, en los textos en formato papel se estila y es de mucho agradecer la alineación según está opción.

Una vez terminado esto, vamos ahora a insertar los NÚMEROS DE PÁGINA. Para ello procederemos de la manera siguiente:

En la última página correspondiente al índice, en lugar de insertar un SALTO DE PÁGINA para la siguiente, insertaremos un SALTO DE SECCIÓN. Esta opción se encuentra en el menú desplegable SALTOS ubicado en la pestaña DISEÑO DE PÁGINA, a diferencia de la opción de inserción de SALTOS DE PÁGINA, que se encuentra ubicada en la pestaña INSERTAR.

En esta imagen podemos verlo perfectamente:

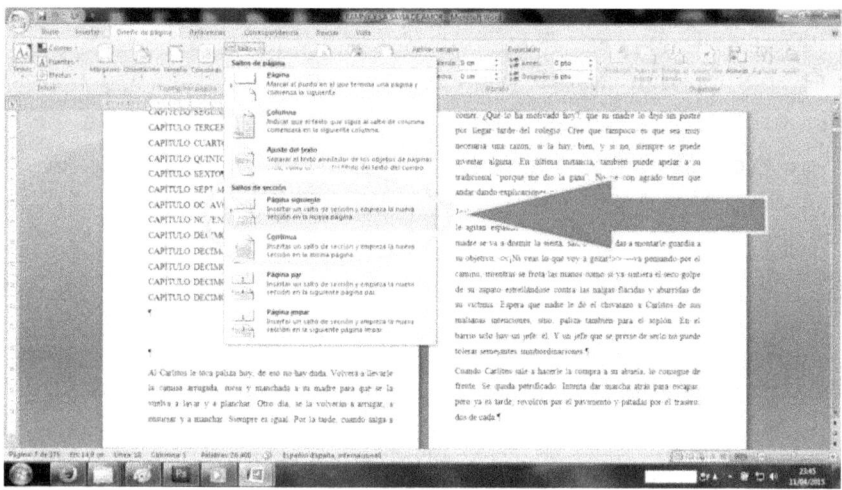

Tenemos que fijarnos aquí si al insertar el salto de sección, el comienzo del primer capítulo de nuestro documento, o la primera página de nuestra obra comienza en página impar o no. Si comienza en página par, insertaremos un nuevo SALTO DE PÁGINA (OJO, que no SALTO DE SECCIÓN), para que el comienzo del primer capítulo o página de nuestra obra se encuentre ubicado en una página IMPAR y no PAR como señalamos antes.

A continuación, desvincularemos las secciones uno de la dos, para que así no nos salgan reflejados los números de página en la SECCIÓN PRIMERA, sino solo en la SECCIÓN SEGUNDA. Es decir, los números de página deben aparecer reflejados a partir de la página siguiente a la del final del índice, aunque se comiencen a cortar desde la primera.

Para realizar estas desvinculaciones, procederemos de la siguiente manera:

En primer lugar, colocaremos el cursor en una zona de la primera página de la SECCIÓN SEGUNDA, fuera del área de impresión, como se puede mirar en la imagen siguiente:

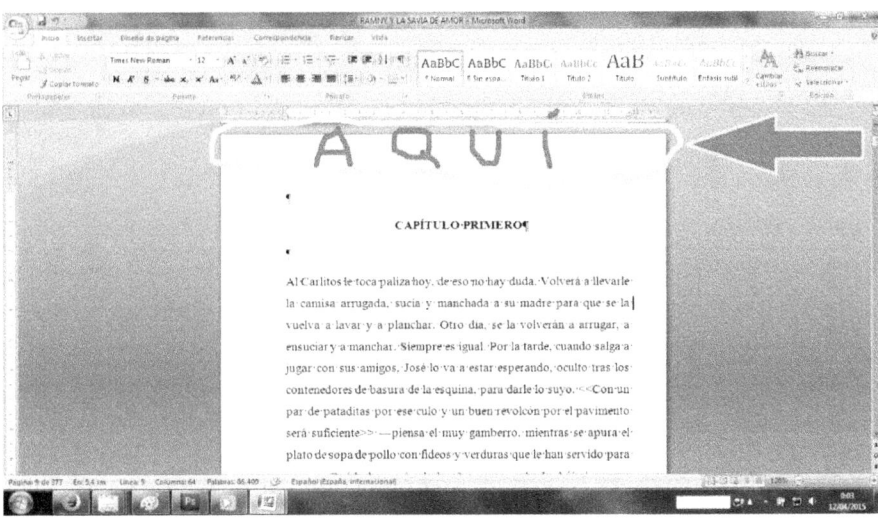

Hacemos doble clic en ella, y nos debe aparecer una imagen como la siguiente:

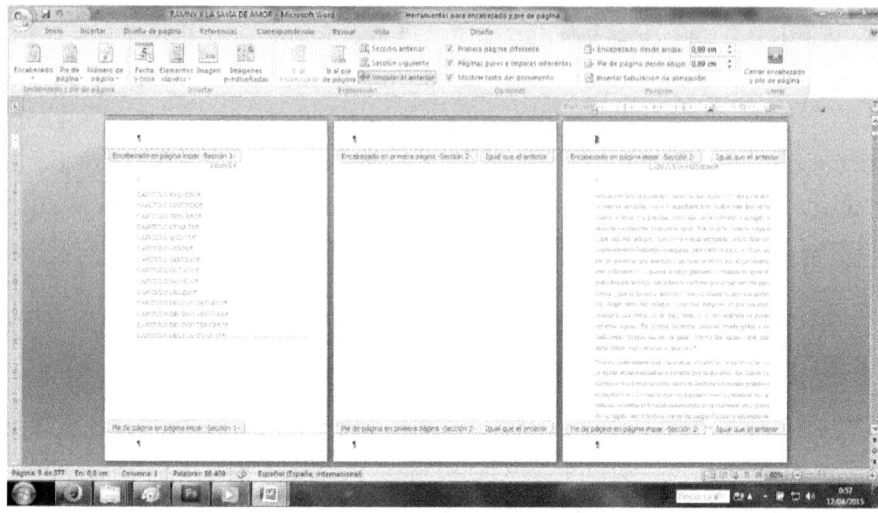

Colocamos el cursor sobre la parte alta de la primera página de la SECCIÓN SEGUNDA, y seguidamente desmarcamos la tecla "VINCULAR AL ANTERIOR".

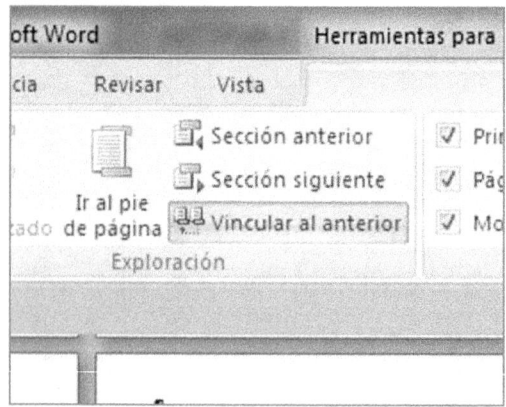

Sin salirnos de esa página, volvemos a colocar el cursor en la parte baja de la página, y repetimos la misma operación, es decir, desmarcamos la tecla VINCULAR AL ANTERIOR.

Seguidamente, realizamos la misma operación con las dos páginas siguientes.

Una vez desvinculada la sección segunda de la primera, nos volvemos a colocar con el cursor en la parte alta de la primera página de la SECCIÓN SEGUNDA, y nos vamos a la pestaña INSERTAR, donde se encuentra ubicada la opción de número de página.

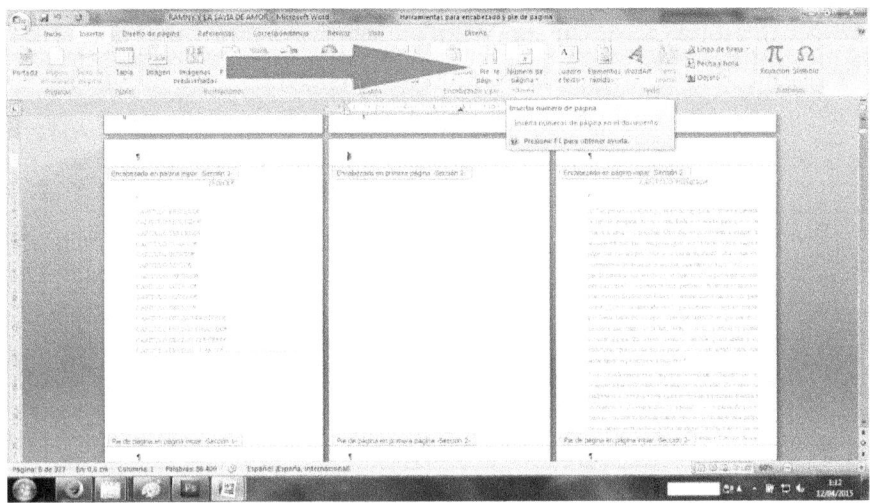

Escogemos el formato que más nos guste, e insertamos nuestro número de página. Tenemos que repetir la operación de manera idéntica en las dos páginas siguientes, es decir, que tenemos que hacer la inserción de los números de página en las tres páginas que desvinculamos anteriormente.

Después, pulsamos la pestaña DISEÑO, y luego la tecla "X" de CERRAR ENCABEZADO Y PIE DE PÁGINA.

Algunos autores, como quien les escribe, acostumbramos colocar nuestro nombre en una de las páginas superiores del texto, y en la siguiente el nombre de la obra. De esta manera, todo el libro contendrá nuestra identificación. Es un elemento que añade gracia y elegancia al texto, aunque, como he comentado antes, esto es cosa solo de "algunos autores". No es algo obligatorio como el índice, los números de página o el título.

Si te interesa esta opción, tienes que proceder de manera idéntica a como colocaste los números de página, es decir, hacer doble clic en la parte alta de la primera página de la SECCIÓN SEGUNDA, y una vez allí, colocas la opción CENTRAR TEXTO, y escribes tu nombre completo. Si notas que el tamaño del texto resultante es muy grande, el tipo de letra no te gusta, o su color te resulta muy llamativo, puedes modificar lo que quieras en las opciones de modificar tipo y tamaño de letra de la pestaña INICIO.

Repite la misma operación en la página siguiente, con la diferencia de que en esta, en lugar de tu nombre vas a colocar el nombre de tu obra. Repite la misma operación en la página siguiente, esta vez nuevamente con tu nombre, y luego pulsas nuevamente la pestaña DISEÑO y la tecla "X" de CERRAR ENCABEZADO Y PIE DE PÁGINA.

Así se verán las páginas de todo tu texto con esta opción:

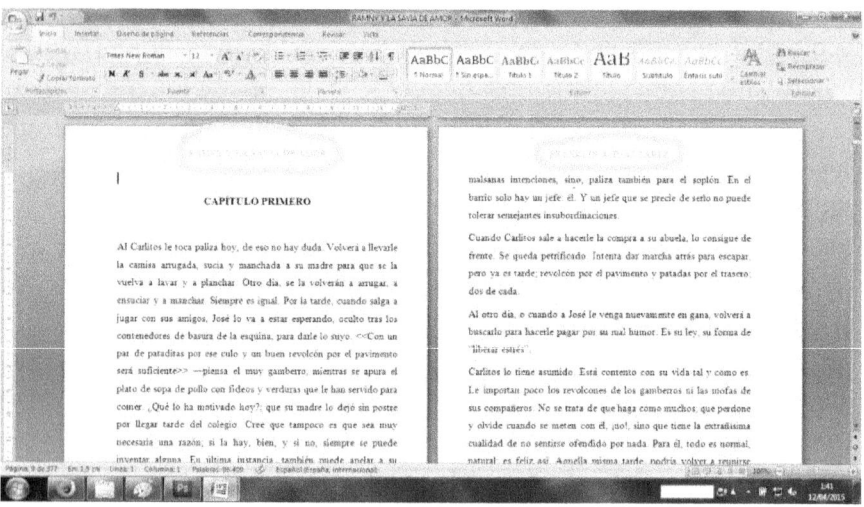

Continuamos.

Ahora vamos a insertar los números de página correspondientes a cada título o capítulo de nuestra obra en el ÍNDICE. No todos los libros tienen que llevar índice. De hecho, algunas novelas no lo ponen, porque se trata de obras continuadas, seguidas, de lectura corrida. Las reglas más comunes dicen que en obras literarias, el índice se debe colocar al final; mientras que en obras científicas, técnicas e históricas, debe ir al principio. A mí, particularmente, siempre me ha gustado colocar los índices de mis textos al principio, sin que diferencie entre si son novelas o escritos técnicos. No soy de quienes acostumbrar seguir las normas a rajatabla, como se suele decir.

Independientemente del lugar elegido para colocar nuestro índice, si es que nuestro trabajo es de los que lo requiere, vamos a explicar, seguidamente, cómo colocarlo paso a paso.

Seleccionamos el contenido completo del índice, como se ve reflejado en esta imagen:

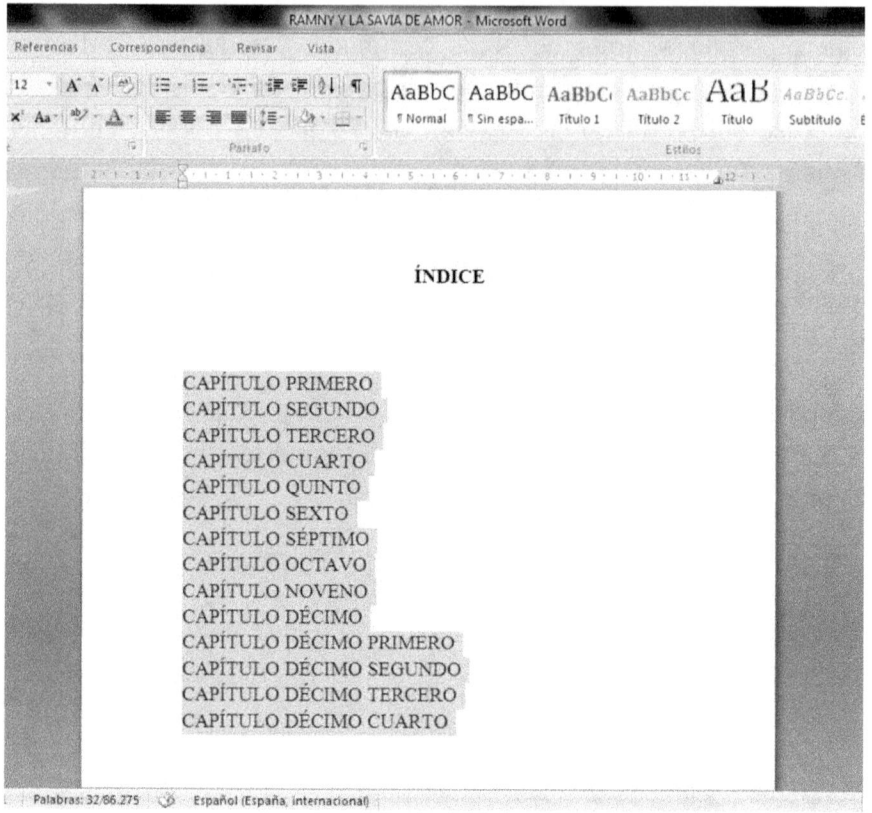

Con el texto del índice seleccionado, vamos a abrir la opción PÁRRAFO del menú de INICIO:

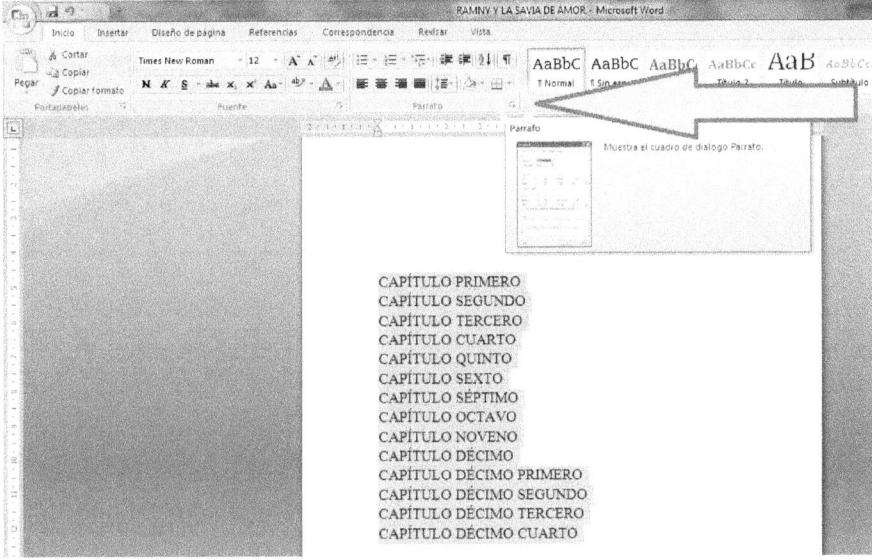

Se nos abrirá la siguiente ventana:

Pulsamos la opción TABULACIONES:

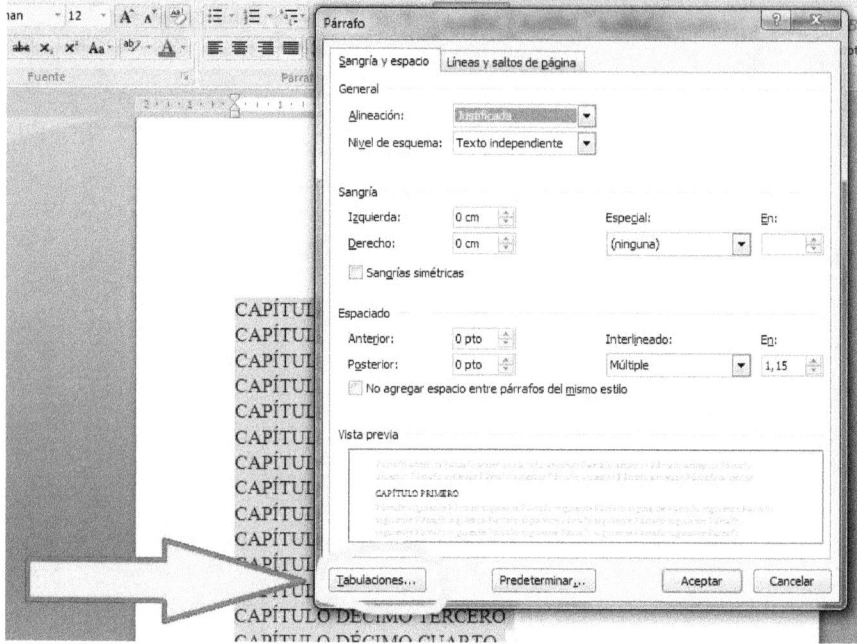

Y se nos abrirá la siguiente ventana:

Seguidamente colocaremos los siguientes datos:

En POSICIÓN, colocaremos 11,75 cm. En ALINEACIÓN marcaremos la opción DERECHA. En RELLENO, marcamos la opción 2, pulsamos la opción FIJAR, y le damos ACEPTAR.

Esta es la forma correcta como nos debe quedar:

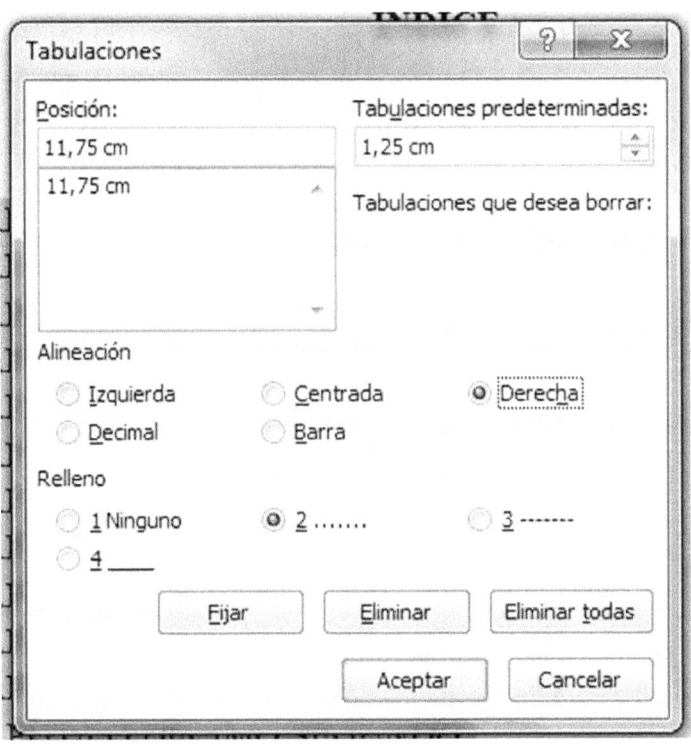

Una vez que hemos fijado de esta manera la tabulación, vamos a colocarnos en la posición inmediatamente al lado de la última letra de la primera línea. En esta imagen lo vemos mejor:

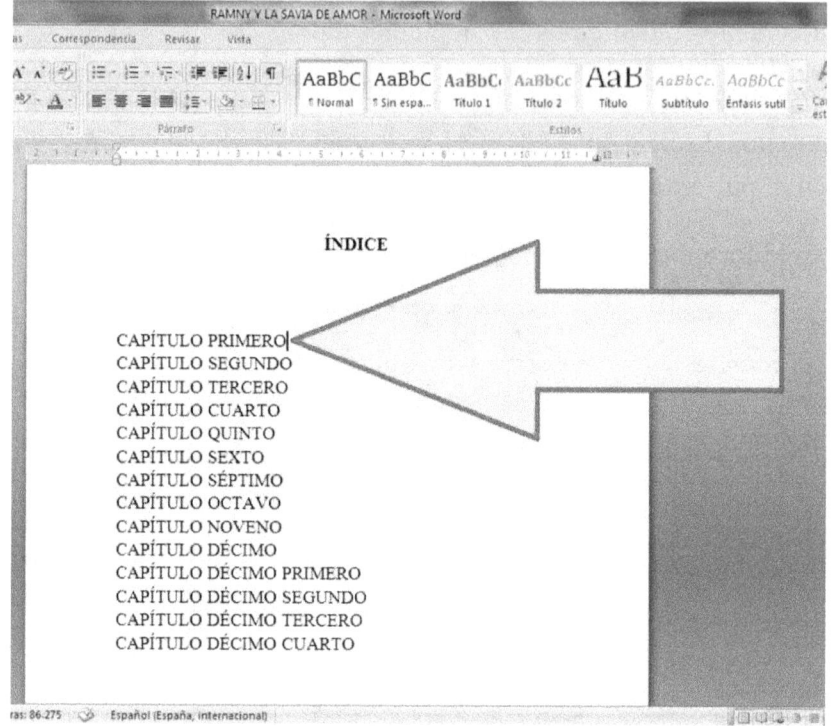

Justo en ese lugar, pulsas en el teclado de tu ordenador la tecla TABULAR, que normalmente está identificada como "TAB". Hecho esto se te desplegará el indicativo de puntos para que coloques el número de tu página. Colocas tu número de página y repites la misma operación en cada uno de los lugares que correspondan. De esta manera, tu índice quedará así:

Pues eso es todo. O casi todo, porque nos falta colocar el número del ISBN en la página de los créditos para tener nuestra obra totalmente maquetada. Después la convertiremos a PDF y ya estará lista para subirla a CREATESPACE. Pero vamos a seguir como hemos hecho hasta ahora, paso a paso.

El paso siguiente, será obtener el ISBN de CREATESPACE.

A estas alturas, se supone que ya tenemos que tener nuestra cuenta creada. Ingresamos al portal CREATESPACE.COM con nuestro e-mail y contraseña, y nos vamos a la opción "ADD NEW TITLE", tal y como se puede ver en esta imagen:

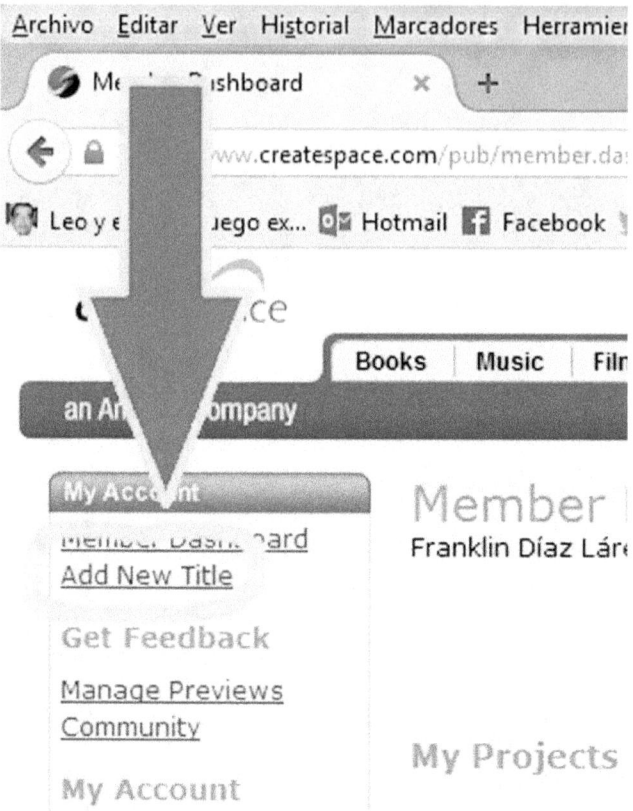

Se nos abrirá una nueva ventana en la que tendremos que colocar los datos del NOMBRE DE LA OBRA, seleccionar que se trata de un texto en papel, y que queremos realizar el proceso como EXPERTOS, esto es, sin tutoriales ni orientación (porque para eso tenemos este libro que nos va explicando todo paso a paso). Nos tiene que quedar reflejado el proceso así:

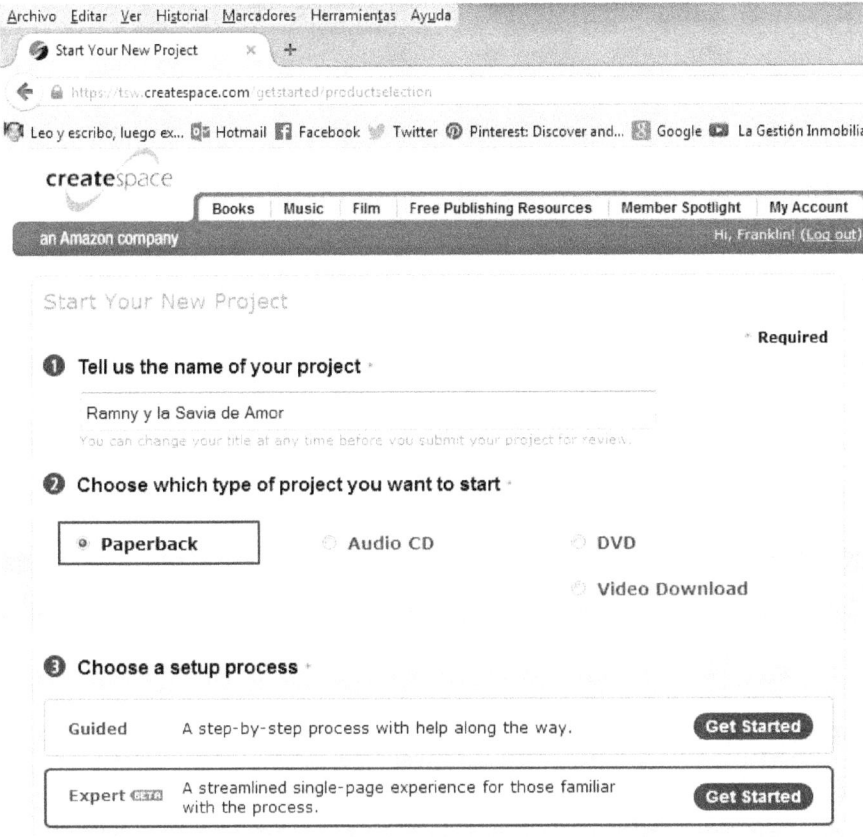

Tener en cuenta que no se puede poner todo el nombre de la obra solo en letras mayúsculas, porque la página no los admite.

Una vez que seleccionemos la opción EXPERT, y le demos a GET STARTED, se nos abrirá una ventana nueva en la que tendremos que colocar los datos básicos de nuestra obra, esto es, nombres y apellidos del autor, número de edición, lengua de publicación y fecha de publicación. También seleccionaremos la casilla: "CREATESPACE ASSIGNED". Es muy importante no olvidarnos de marcar esta opción. Por ahora no es necesario que rellenemos ningún otro de los espacios, solo esos. Recordemos que por los momentos solo queremos obtener el ISBN gratuito para incluirlo en las anotaciones técnicas de nuestra obra. Nos debe quedar el proceso de forma similar a esta imagen:

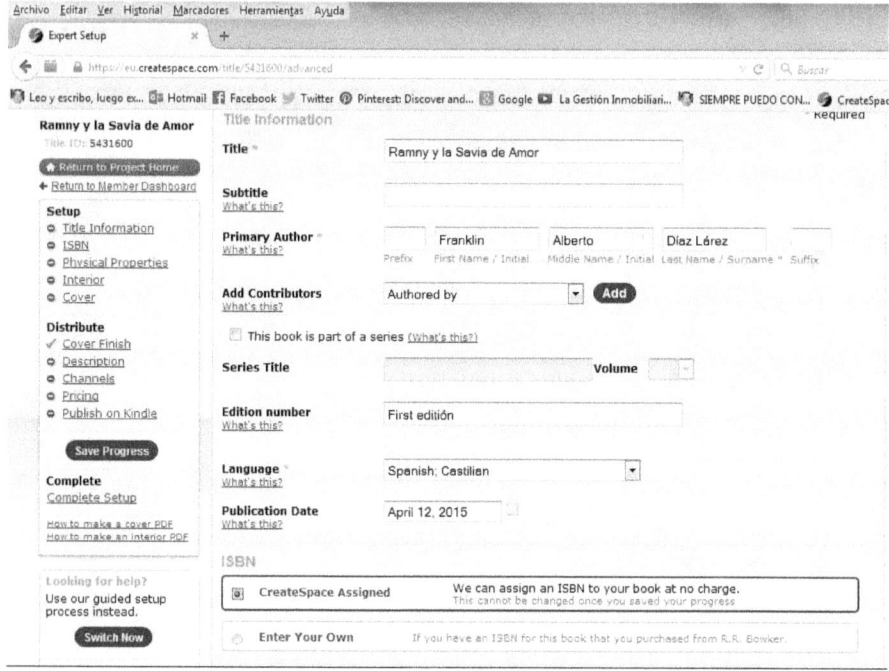

Daros cuenta de que yo también estoy aprovechando de publicar mi libro RAMNY Y LA SAVIA DE AMOR, con CREATESPACE para que os fijéis que si seguís al pie de la letra cada paso de los que os he ido indicando, también vosotros tendréis publicado vuestro texto al terminar de leer este libro.

Continuamos.

Seguidamente, y sin tocar nada más en esta página, bajamos directamente hasta el final, donde está una opción con el nombre SAVE PROGRESS:

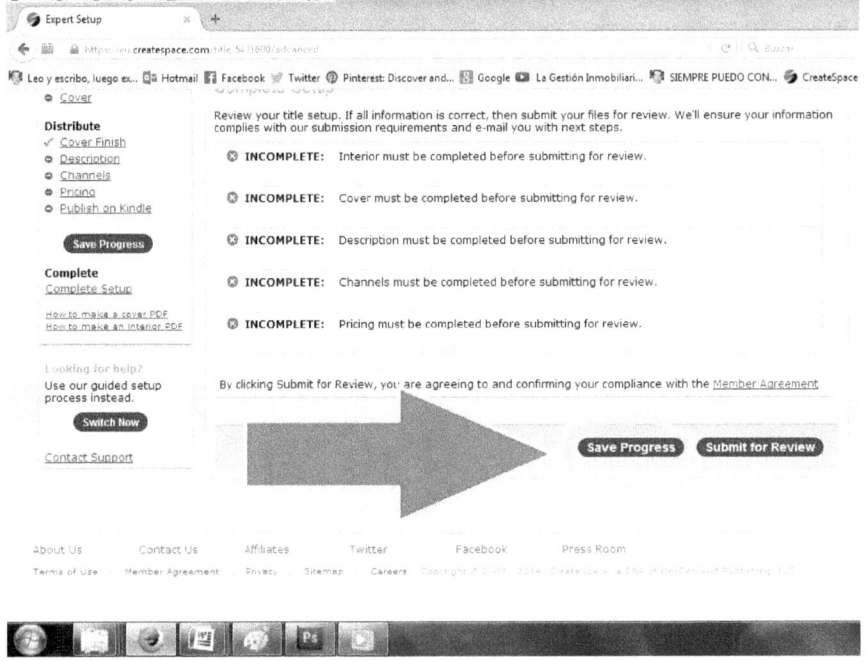

Pulsamos sobre ella, esperamos un poco hasta que la página cargue el proceso y ¡listo!, ya tenemos nuestro ISBN. ¿Dónde está? Muy sencillo.

Si subimos nuevamente en la misma página hasta la parte de arriba veremos cómo nuestro ISBN se ha generado automáticamente. A partir de este momento ya no podremos hacer modificaciones a los datos de la obra que ya hemos dado (título, número de edición, autor y fecha de publicación), porque CREATESPACE ya los ha registrado con ese número. Si queremos cambiarlos tendremos que registrar una nueva obra.

En la imagen siguiente podéis observar cómo y dónde se encuentra nuestro ISBN:

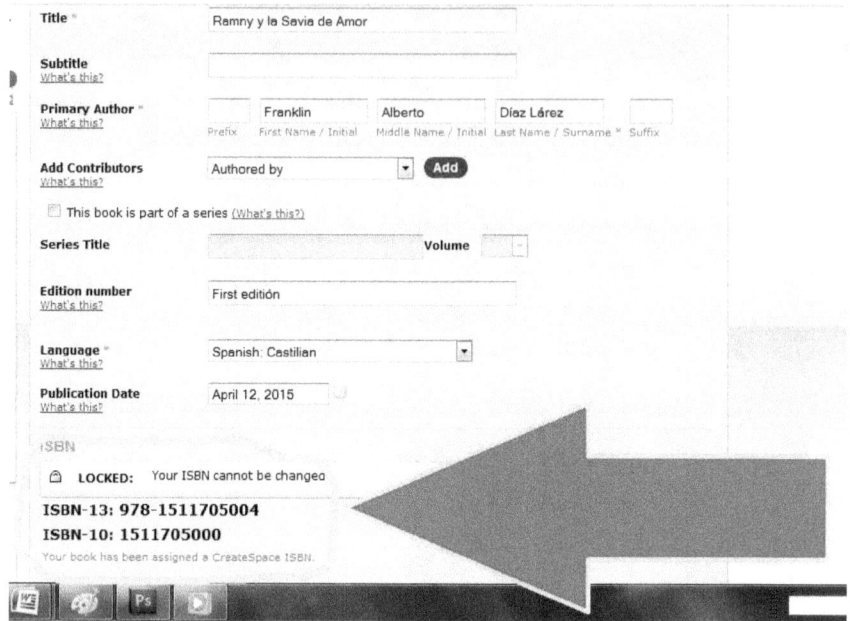

Tomamos nota de estos datos, los incluimos en la página de datos técnicos de nuestra obra, lo guardamos, y esta vez sí que podemos dar por concluida la maquetación de nuestro libro.

Ya podemos también cerrar la página de CREATESPACE. Los datos de nuestra obra se conservarán guardados hasta que carguemos nuestro libro terminado y nuestra portada, que requiere de un capítulo aparte en este texto. Cuando volvamos a entrar a CREATESPACE veremos que nuestro libro aparece como incompleto, y podremos seguir con el proceso en el punto en que lo dejamos.

Ahora vamos a crear el PDF, porque CREATESPACE únicamente admite los textos en ese formato.

Crear un PDF es muy sencillo. En las opciones de GUARDAR COMO de WORD, debe venir incorporada. Si no es así, tenemos que ir a la página de descargas de MICROSOFT y solicitar la descarga del "Complemento de Microsoft Office 2007: Guardar como PDF o XPS de Microsoft"

Esta es la dirección:

http://www.microsoft.com/es-es/download/details.aspx?id=7

En todo caso, con solo buscar por internet cualquier convertidor online de documentos WORD a PDF, nos encontraremos con decenas de páginas que nos brindan el servicio de manera gratuita. Yo recomiendo realizar la descarga de MICROSOFT e incorporarla a nuestro WORD. Esta es la opción más segura y fiable.

Suponiendo que ya la tenemos incorporada, o que la hayamos descargado e instalado. Siendo así, lo que tenemos que hacer es, teniendo el documento abierto, guardarlo con la opción de GUARDAR COMO PDF o XPS, tal y como podemos observar en esta imagen:

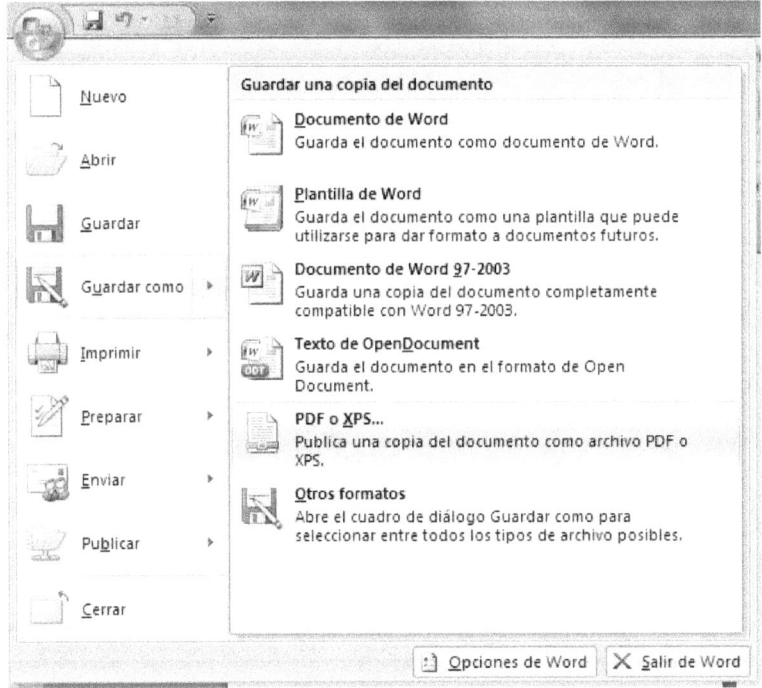

Con esto culminamos la primera parte de nuestro proceso. Este es el final de la maquetación, de la elaboración definitiva de nuestro texto. Ahora tenemos que subir el texto a CREATESPACE, aunque también tenemos que elaborar y subir nuestra PORTADA. Podemos hacerlo como queramos; subir ahora el texto, o esperar a que la portada esté terminada y subirlos ambos a la vez. En este texto optaremos por la segunda opción. Vamos ahora a crear nuestra PORTADA.

DISEÑO DE PORTADA

Para realizar nuestra portada, podemos utilizar cualquier programa de photoshop. Lo único que tenemos que tener presentes son las directrices sobre las medidas y la resolución que nos exige CREATESPACE para nuestro documento, para nuestra obra.

Al igual que para la maquetación del interior de nuestro texto contamos con la ayuda de CREATESPACE en forma de plantillas, aquí también tenemos la misma opción. Dependiendo del tamaño que hayamos dado al interior, será el tamaño que daremos a la PORTADA. Para ello, volvemos a entrar en la página createspace.com con nuestro email y contraseña, y nos dirigimos a la siguiente dirección:

https://www.createspace.com/Help/Book/Artwork.do

Se nos abrirá esta página:

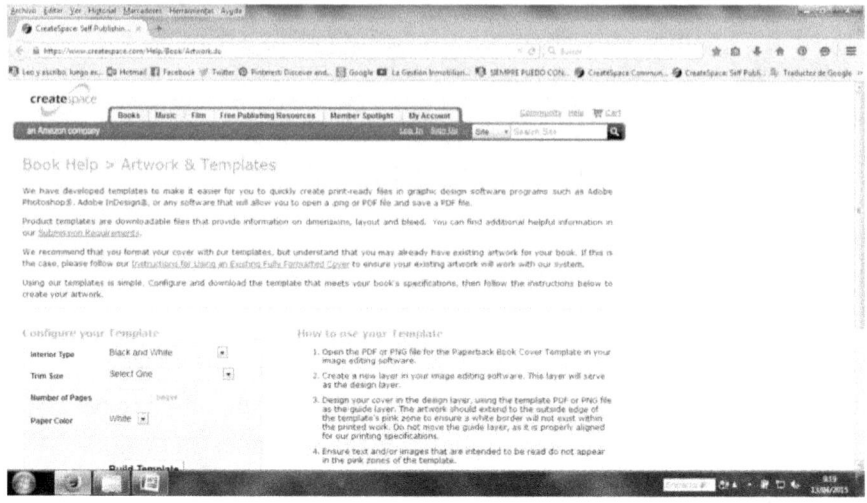

Allí tenemos que insertar los datos para elaborar nuestra plantilla de portada. Seleccionamos entre las opciones las que se corresponden con nuestro texto, esto es: color del interior, tamaño, número de páginas y color del papel. En mi caso, con el libro que voy a publicar (RAMNY Y LA SAVIA DE AMOR), elegiré elaborar una plantilla medidas 6´´x 9´´, para un texto de 301 páginas, que son las que tengo en mi libro definitivamente maquetado y terminado en PDF. En esta imagen podemos ver este paso:

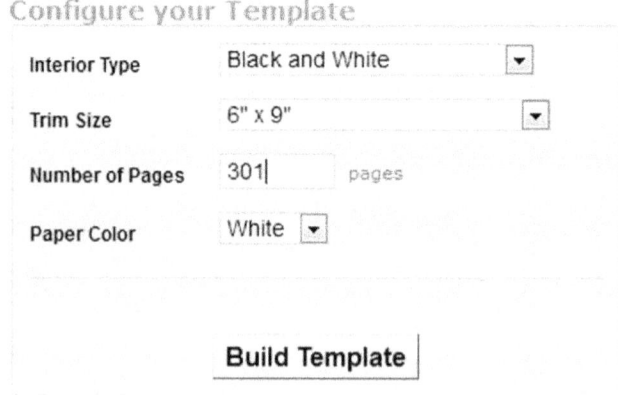

Hecho esto, pulsamos el botón BUILD TEMPLATE, y nuestra plantilla se generará automáticamente. Luego descargamos el archivo que se nos ofrece, pulsando en la opción CLICK HERE TO BEGIN DOWNLOAD, tal y como se puede apreciar en la siguiente imagen:

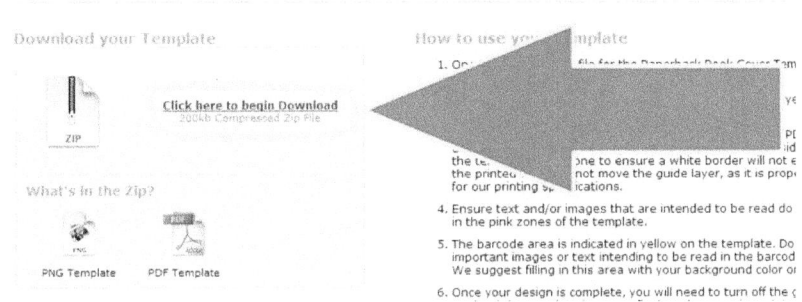

El archivo que nos descargaremos traerá consigo un archivo ZIP comprimido con dos plantillas de cubierta de idénticas medidas, una en formato PDF, y la otra en formato de imagen PNG.

Al descomprimir el archivo, nos encontraremos con esto:

Cualquiera de los dos archivos que abramos nos dará las medidas para la elaboración de nuestra portada, que es lo que por ahora nos interesa. Al abrir cualquiera de los dos, veremos una imagen como esta:

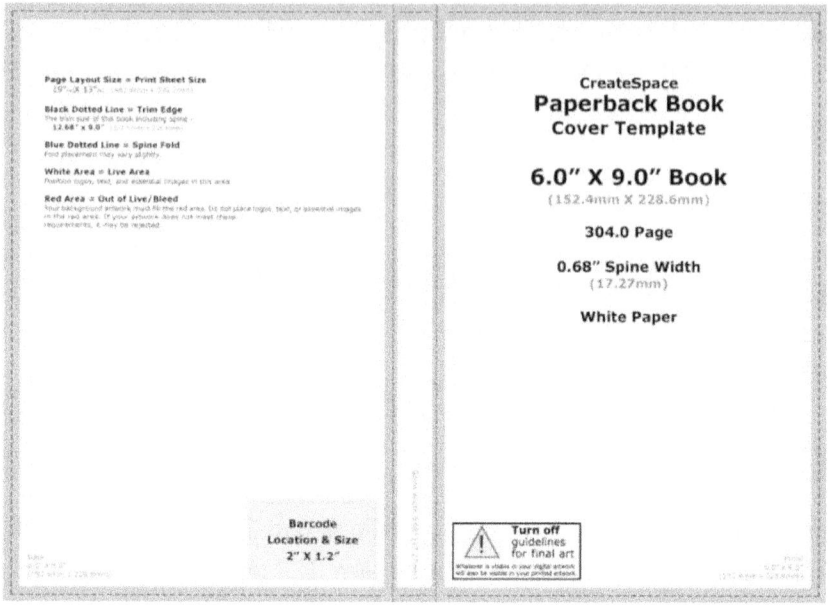

De allí extraeremos los datos para crear nuestra portada. En mi caso serán:

Portada completa: 322,07 mm. de ancho x 228,6 mm. de alto

Donde el alto va a ser constante tanto para la portada, contraportada y lomo. Así, las medidas de cada cual deberán ser las siguientes:

Portada: 152, 4 mm. de ancho por 228,6 mm. de alto.

Contraportada: 152,4 mm. de ancho por 228,6 mm. de alto

Lomo: 17,27 mm. de ancho por 228,6 mm. de alto

Para comprobar que las medidas son correctas, podemos sumar los tres anchos y nos debe dar 322,07 mm.

Con las medidas exactas de nuestra portada, nos dedicamos ahora a su elaboración.

La portada es una parte importantísima de nuestro libro, porque es la primera imagen, la primera impresión de nuestra obra que se llevarán nuestros posibles lectores. Y dicen que una imagen vale más que mil palabras, lo cual, en nuestro caso, es inmensamente cierto. Por eso es que no tenemos que tener prisa en esto. Esta es una parte sustancial de nuestra obra tan importante como las demás.

El proceso de elaboración de la portada es un tanto complejo. No ya por el tema de las medidas, sino por el contenido, la idea, el diseño de imágenes, la colocación del título, etc. Hay empresas que solo se dedican a elaborar portadas, y cobran cantidades verdaderamente importantes. Porque se trata de crear una pequeña "obra de arte", que no es cualquier cosa. Quienes auto-publicamos nos vemos en la necesidad de convertirnos también en diseñadores gráficos de nuestras portadas; en artistas. Con un buen programa de photoshop, y unas ideas maduradas, bien pensadas sobre el diseño de nuestra portada, podemos salir adelante. Lo que ocurre es que en este caso tenemos que manejarnos bien con un programa de elaboración y retoque de imágenes. Y esto es, verdaderamente, todo un mundo aparte.

Pensando en esta dificultad, los tres portales con los que vamos a publicar nuestro libro que explicamos en este texto (CREATESPACE, LULÚ Y BUBOK), tienen sus propios tutoriales de creación de portadas. Solo hay que meterse en cada uno de ellos e ir a la página correspondiente al diseño de portada. Una vez allí, seguimos paso a paso las instrucciones que se nos dan, y ya tendremos una portada elaborada con las medidas y demás especificaciones técnicas requeridas en cada sitio. Esto queda a gusto de cada quién.

En el caso de CREATESPACE, que es el primer portal en el que vamos a publicar nuestro texto, si queremos elaborar la portada según el tutorial propio de la página, tenemos que seguir los siguientes pasos:

Vamos a la página de CREATESPACE, e ingresamos con nuestro email y contraseña

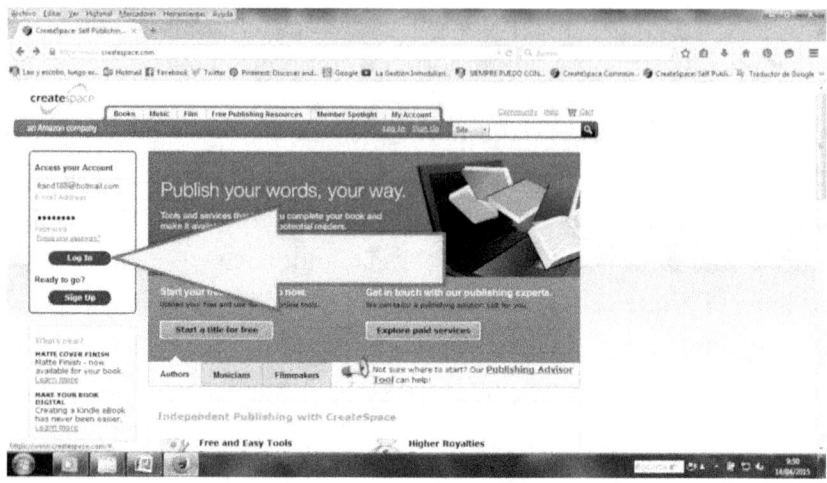

Cuando entremos, inmediatamente la página nos redirigirá a la zona en la que se encuentra nuestra obra en espera, como se puede observar en la siguiente imagen:

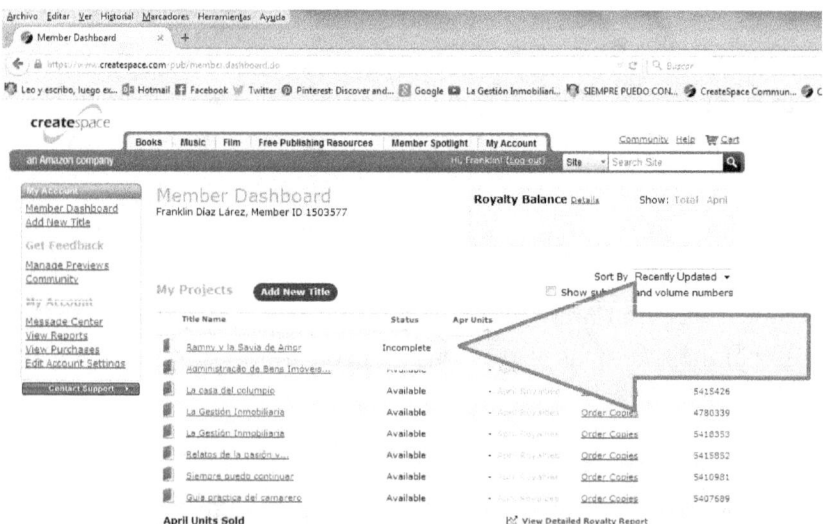

Hacemos clic en el nombre de nuestro libro en espera, y se nos abrirá la página de los datos. En ella pulsaremos la opción COVER, tal y como se indica en la siguiente imagen:

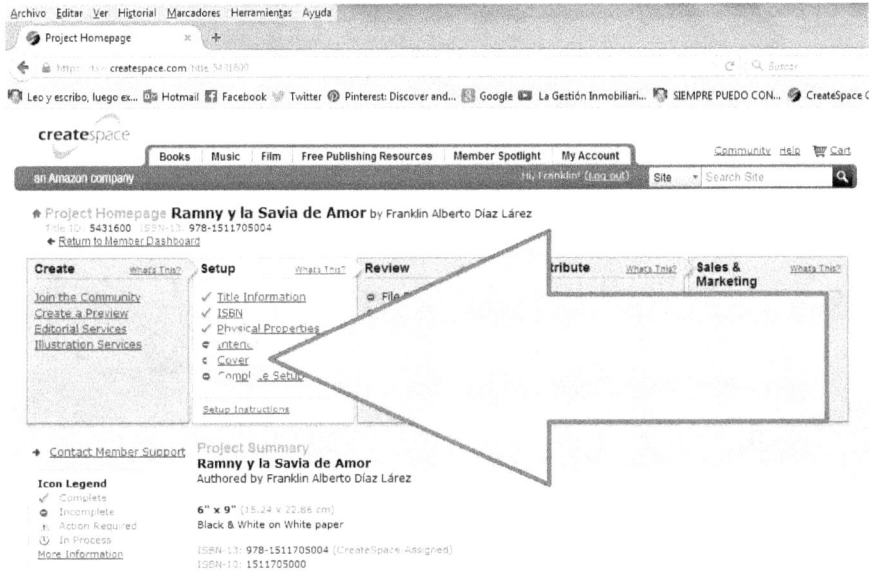

Se nos abrirá la página con la opción LAUNCH COVER CREATOR, que es el tutorial de CREATESPACE de creación de portadas.

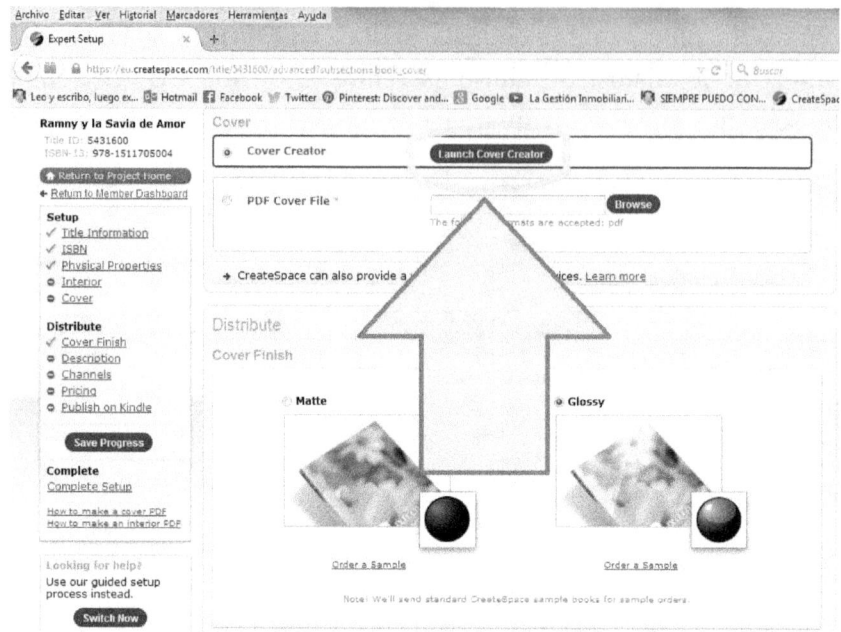

Seguimos todos los pasos que allí se nos indican, según nuestros gustos y preferencias, y ya tendremos nuestra portada hecha.

Ahora bien, si por el contrario, en lugar de decantarnos por esta opción, hemos elegido hacer nosotros mismos nuestras portadas aparte, tenemos que saber que CREATESPACE (como se puede observar en la imagen anterior) solo admite el formato PDF en nuestra portada terminada para cargarla.

Si ya tienes tu portada elaborada y transformada al PDF correspondiente, en este punto solo te queda elegir la opción PDF COVER FILE, de las dos que se pueden ver en la imagen anterior, bajas hasta la opción SAVE PROGRESS que se encuentra al final de la misma página, y verás cómo tu portada se empieza a subir al servidor:

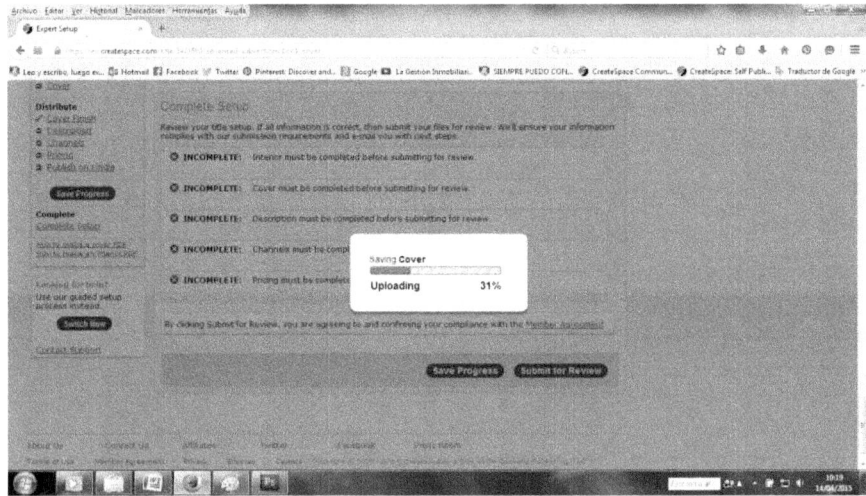

Cuando la página haya terminado de cargar, ya tendrás tu portada subida y reservada en espera de completar los datos que faltan.

Seguimos.

Ya tenemos la portada cargada, ahora vamos a cargar el interior de nuestra obra terminada que tenemos reservado en espera. Para ello subimos en la misma página donde cargamos la portada hasta la opción PDF INTERIOR FILE.

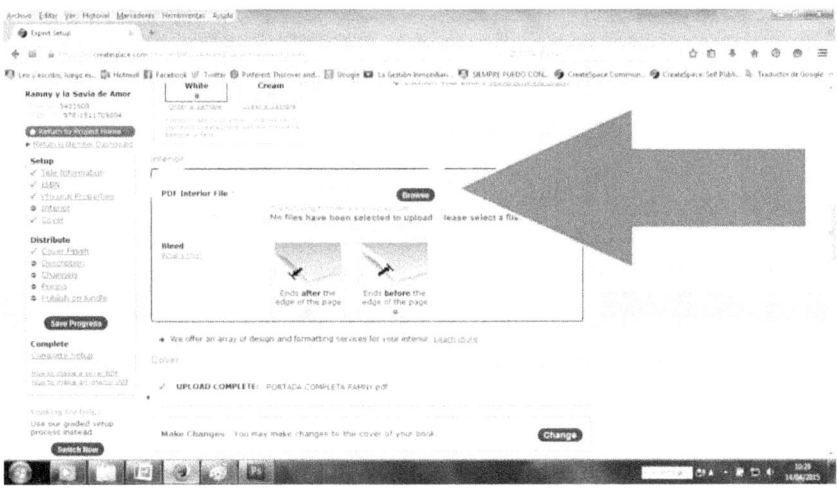

Pulsamos la opción BROWSE para cargar nuestro libro. Buscamos su ubicación en nuestro ordenador, lo seleccionamos, y a continuación realizamos el mismo procedimiento que seguimos para cargar nuestra portada, es decir, bajamos hasta la opción SAVE PROGRESS que se encuentra al final de la página, la pulsamos, esperamos a que cargue, y ya tendremos cargado el interior de nuestra obra al servidor.

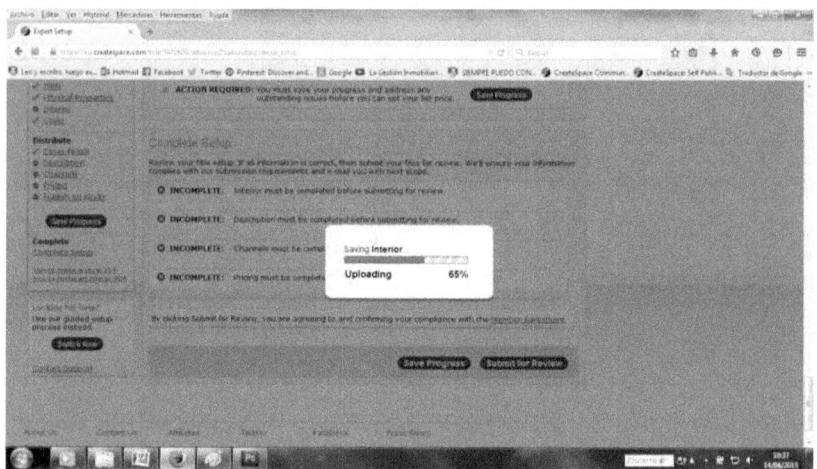

Ya hemos terminado la parte más laboriosa. Ahora solo nos queda dar, tan solo, tres pasos muy sencillos:

1.- Completar los datos relativos a LA DESCRIPCIÓN de nuestra obra y su clasificación.

2.- Seleccionar los canales a través de los cuales queremos que nuestra obra sea distribuida.

3.- Colocar el precio.

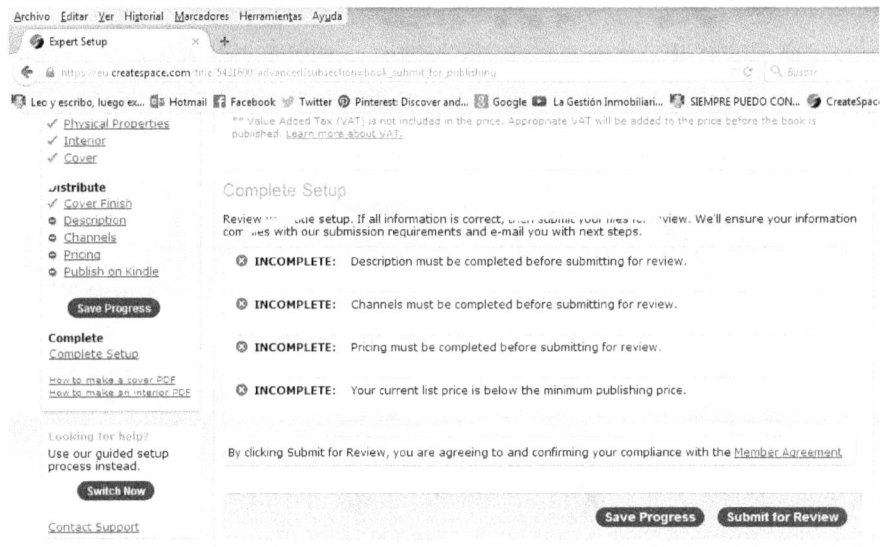

Como se puede observar en la imagen anterior, en la página se encuentra una cuarta opción, que es la de publicar nuestra obra en formato kindle para que se encuentre disponible en ese formato digital también, pero ese es un capítulo aparte que no vamos a tratar en este texto. La publicación de libros en formato digital requiere de unas especificaciones relativas a la maquetación y el diseño interior de la obra muy distintas a las que hemos realizado aquí.

La no publicación de nuestro texto en formato digital kindle no es obstáculo para su puesta en venta en formato papel. Solo es una opción adicional que podemos o no escoger. No representa ningún impedimento.

Vamos a terminar con los pocos datos que nos faltan para publicar nuestra obra en papel en CREATE SPACE.

1.- Completar los datos relativos a LA DESCRIPCIÓN de nuestra obra y su clasificación:

Tenemos que incluir en este apartado una SINOPSIS EXPLICATIVA del contenido de nuestro libro, de nuestra obra. Es muy importante ser precisos y concisos en este punto. Tenemos que elaborar una síntesis que sea capaz de resumir aquello con lo que nuestros lectores se van a encontrar al leer nuestra obra. Junto con la portada, es una buena forma para captar la atención de nuestros lectores. De allí su importancia fundamental.

La mayoría de autores consultados refiere que sinopsis largas no son muy apropiadas, porque se vuelven tediosas, aburridas. Tampoco es recomendable dar muchas pistas sobre el desenlace de la obra, sobre todo si se trata de una novela. Lo importante es que con unas pocas pinceladas seamos capaces de dibujar en la mente del lector, la esencia de aquello con lo que se va a encontrar. De allí que este sea un aspecto con el que tampoco debemos darnos demasiada prisa. Tenemos que meditar sobre ello en profundidad y escribir y corregir, una y tantas veces como haga falta, hasta que finalmente redactemos una buena sinopsis. Hay que pensar que esto es, junto con la portada, lo que van a utilizar los canales de promoción y distribución para presentar y vender nuestra obra.

Suponiendo que ya tenemos la sinopsis preparada, solo tenemos que copiarla en esta zona, y listo, pasamos a lo siguiente, como se puede observar en esta imagen:

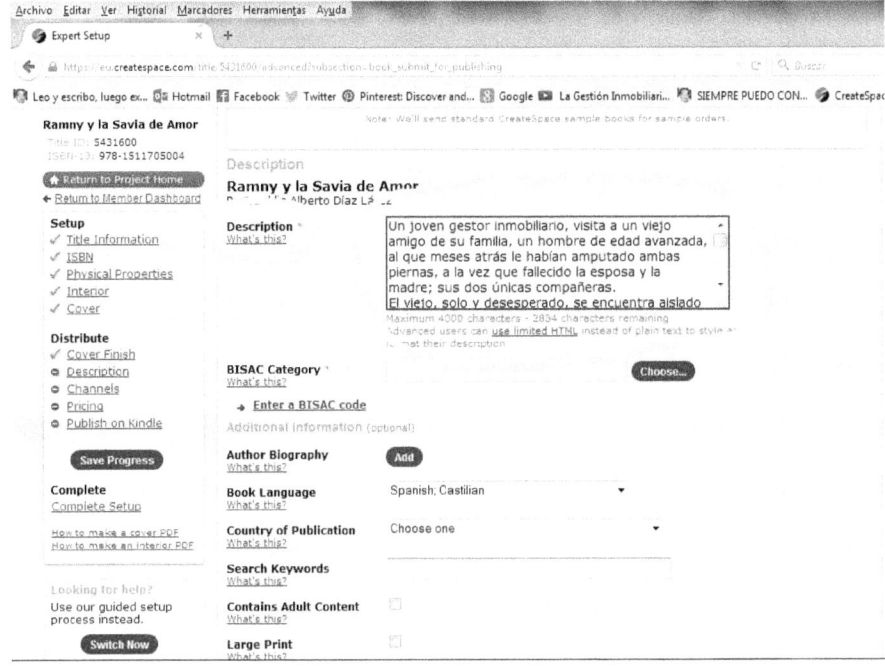

La otra parte de este punto es el encaje de nuestra obra, su clasificación en el tipo de obra de que se trata (BISAC Category); novela, relatos, autoayuda, científica, juvenil, crímenes, ficción, etc. A su vez, cada apartado tiene una o varias clasificaciones adicionales La lista es larga, pero es necesario escoger alguno porque es un paso que sin dar no nos permitirá continuar el proceso.

En mi caso, escogí familia y relaciones y dentro de ella, amor y romance, por tratarse mi obra de una novela romántica.

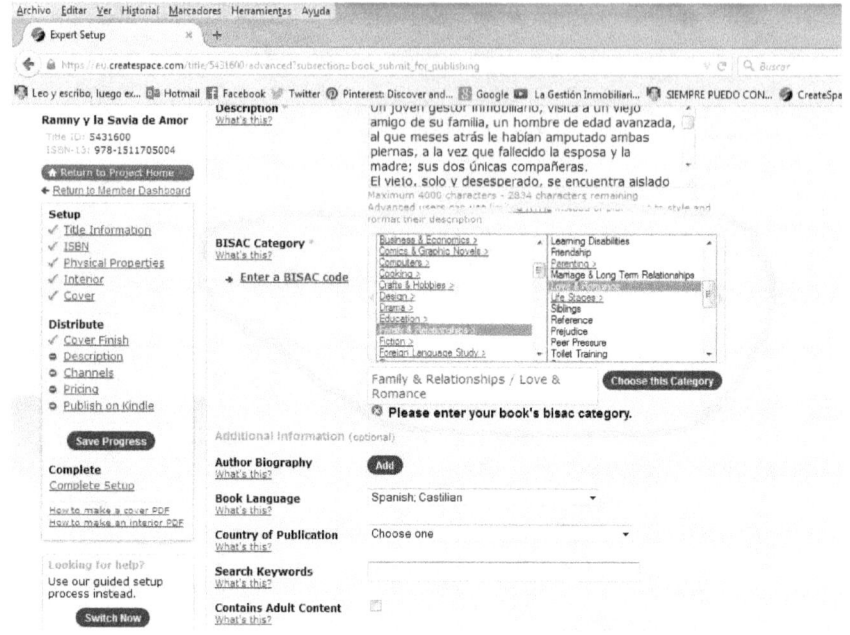

Una vez hecho esto, pulsamos la opción CHOSSE THIS CATEGORY, y nos vamos nuevamente al final de la página a guardar lo que hemos hecho con la opción SAVE PROGRESS. Como hemos visto hasta ahora, cada vez que realicemos una acción nueva en la página, la salvamos con la opción SAVE PROGRESS. Es como si estuviésemos trabajando en el WORD, y quisiésemos ir guardando el documento cada vez que le hacemos alguna modificación.

Lo que viene seguidamente es opcional.

Se trata de incluir una pequeña biografía del autor, decir cuál es el país de publicación, en qué lengua está escrito el libro, y colocar algunos descriptores, etiquetas, o como dice la página: "palabras de búsqueda" (Search Keywords), o "búsqueda por palabras clave". Esta última, es una opción que se usa para identificar el texto por su esencia. En mi caso, como os dije que se trata de una novela romántica, colocaré las palabras AMOR, ROMANCE, OBSESIÓN, PASIÓN, AMISTAD, separadas por una coma.

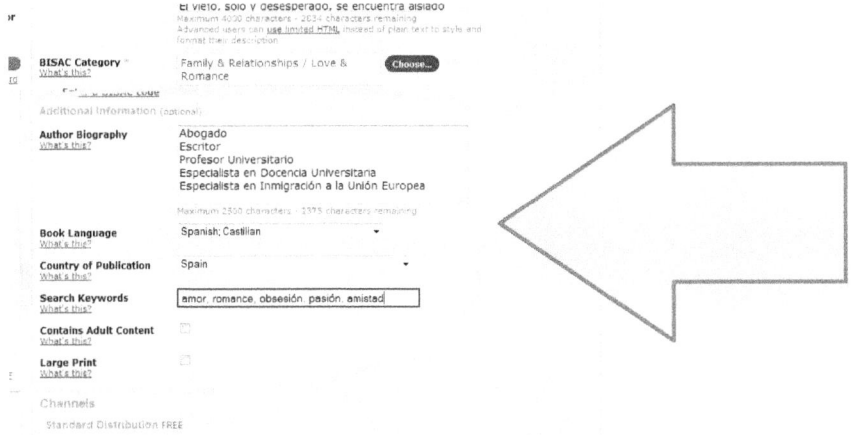

Una vez que hayamos concluido, bajamos hasta la opción SAVE PROGRESS, la pulsamos, y ya podemos continuar con el siguiente paso.

Aclarar aquí que no es necesario ir pulsando la opción SAVE PROGRESS cada vez que realicemos una acción, una modificación en el proceso. De hecho, podemos realizar todo el proceso de una sola vez, y al final pulsamos la opción y todos nuestros cambios se cargarán y guardaran.

Particularmente sugiero a los no iniciados, o a quienes publican por vez primera, que vayan realizando el proceso paso a paso, pero, como todas las cosas en este mundo, y como bien dice el dicho: "Cada maestrillo tiene su librillo"

2.- Seleccionar los canales a través de los cuales queremos que nuestra obra sea distribuida.

Ahora vamos a seleccionar los canales por los que deseamos que nuestra obra sea distribuida. Decir aquí que, como en todo lo que hemos hecho hasta ahora, los canales de distribución son gratuitos. Para ello nos vamos a las opciones que se nos ofrecen en la sección CHANNEL, los seleccionamos todos pulsando las opciones

SELECT, y volvemos a bajar hasta el final de la página para pulsar la opción SAVE PROGRESS.

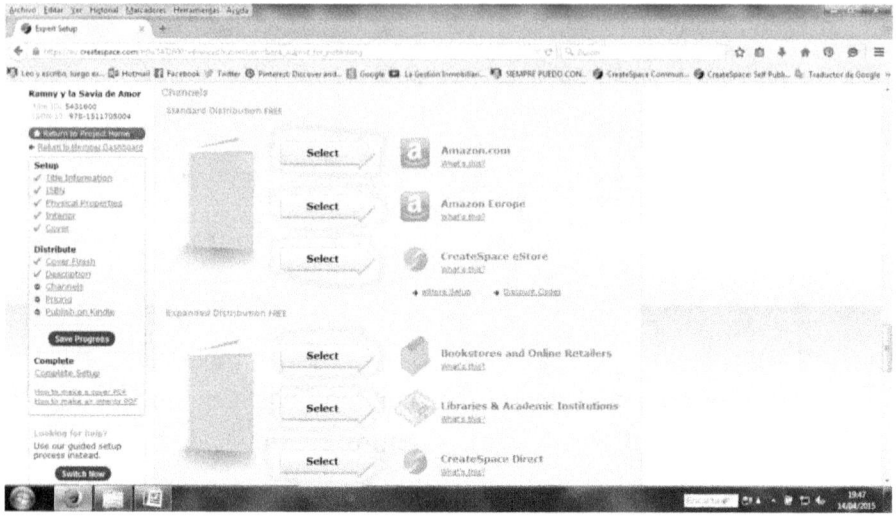

3.- Colocar el precio.

Una vez llegados a este punto, podremos observar que ya CREATESPACE ha realizado la estimación de lo que cobrarán ellos por cada libro impreso, por lo que, desde esa cifra en adelante es que tenemos que fijar el nuestro. En la imagen siguiente, se puede observar que en mi caso, el precio que debo fijar para mi libro no debe ser inferior a la cantidad de $11,18

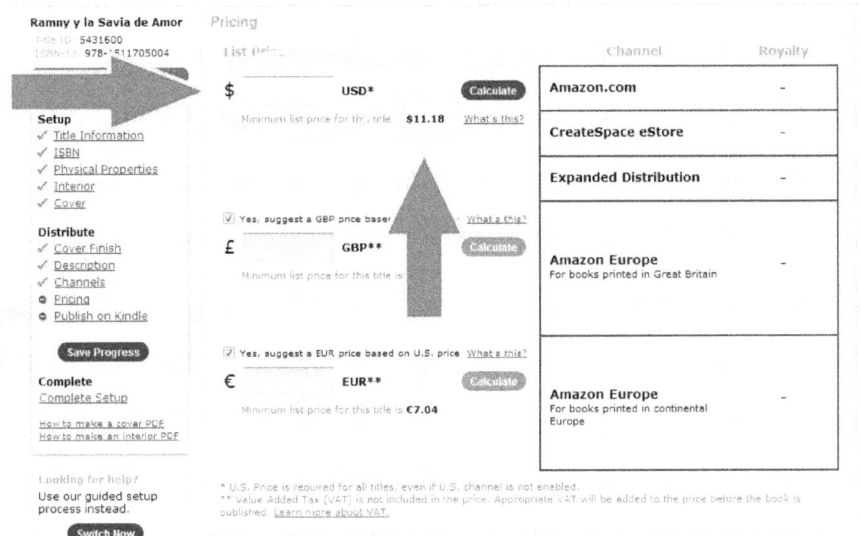

Tenemos dos opciones: fijar un precio para el mercado de Estados Unidos, otro para Gran Bretaña y otro para Europa Continental, o fijar solo el precio para el mercado de Norteamérica y dejar seleccionadas las casillas siguientes para que de manera automática la página fije los precios sugeridos para el resto de los mercados.

En mi caso, me voy a decantar por la segunda opción. Fijaré en $13,50 el precio de venta de mi novela para el mercado de Norteamérica, y dejaré seleccionadas las otras dos casillas para que sea la misma página la que fije los precios sugeridos en esos mercados.

Después de colocar el precio, y si hemos dejado seleccionadas las dos casillas subsiguientes, pulsamos la opción CALCULATE, que se encuentra al lado de la cantidad. Esperamos a que la página cargue, y ya tenemos fijados nuestros precios.

Así, en mi caso, mis precios quedarán de esta manera:

List Price			Channel	Royalty
$ 13.50	USD*	Calculate	Amazon.com	$3.63
Minimum list price for this title is $11.18	What's this?		CreateSpace eStore	$6.33
			Expanded Distribution	$0.93
☑ Yes, suggest a GBP price based on U.S. price What's this?				
£ 9.16	GBP**	Calculate	Amazon Europe For books printed in Great Britain	£1.77
Minimum list price for this title is £6.20				
☑ Yes, suggest a EUR price based on U.S. price What's this?				
€ 12.60	EUR**	Calculate	Amazon Europe For books printed in continental Europe	€3.34
Minimum list price for this title is €7.04				

* U.S. Price is required for all titles, even if U.S. channel is not enabled.
** Value Added Tax (VAT) is not included in the price. Appropriate VAT will be added to the price before the book is published. Learn more about VAT.

Como se puede apreciar, en la columna del lado derecho aparecerá la cantidad que obtendré de ganancia por la venta de cada unidad de mi libro, dependiendo del mercado de venta.

Hecho esto, realizamos nuevamente la misma acción de siempre. Bajamos hasta el final de la página, pulsamos la opción SAVE PROGRESS, y, si hemos hecho todo lo que he explicado aquí de manera textual, nuestra obra ya estará lista para ser presentada a revisión.

Otros portales, que veremos seguidamente, no someten las obras a revisión. CREATESPACE sí. Pero la revisión es rápida. Dentro de las siguientes 24 horas después de haber sometido el texto a revisión, recibiremos un correo electrónico dándonos la enhorabuena por haber publicado exitosamente nuestra obra. O no... (?)

¿Cómo que no? ¿Pueden rechazar nuestra obra?

Pues sí. No solo la pueden rechazar, sino que es muy común que la rechacen. La mayoría de los libros presentados a revisión a CREATESPACE son rechazados. Eso ocurre porque a los autores no se les ha ocurrido comprarse un libro como este, en el que se explica paso a paso y con detalle todo lo que hay que hacer para publicar libros por propia cuenta (modestia aparte). Si has realizado el proceso tal cual se te ha indicado en este texto, no existe ninguna posibilidad de que su texto sea rechazado.

Pero el rechazo de nuestro libro no pone fin al proceso, al contrario. Lo que hace CREATESPACE cuando rechaza un texto, es enviarnos un correo explicativo donde nos dice en qué nos estamos equivocando, y cómo debemos corregirlo. Por eso es que un rechazo no tiene por qué significar que hayamos realizado mal todo el proceso, puede haber una falla sencilla de corregir, y que no amerite mayores esfuerzos de enmienda.

Pues bien, para dar por finalizada esta parte del proceso, pulsamos la opción SUBMIT FOR REVIEW que se encuentra al final de la página.

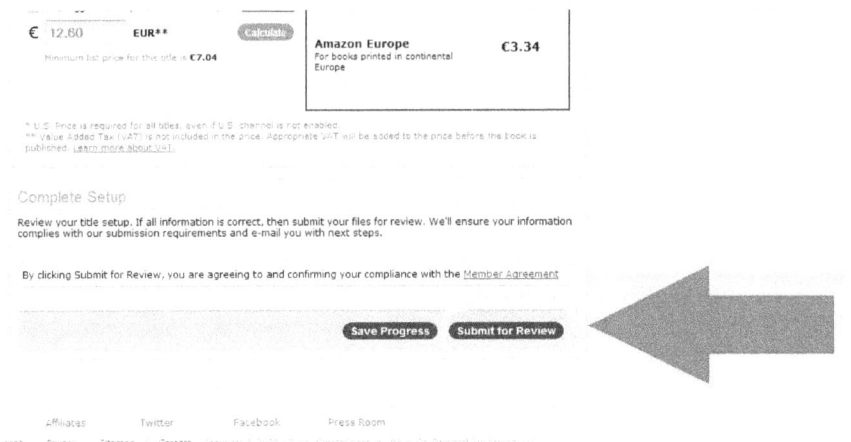

Recibiremos este mensaje de la página si hemos hecho todo bien:

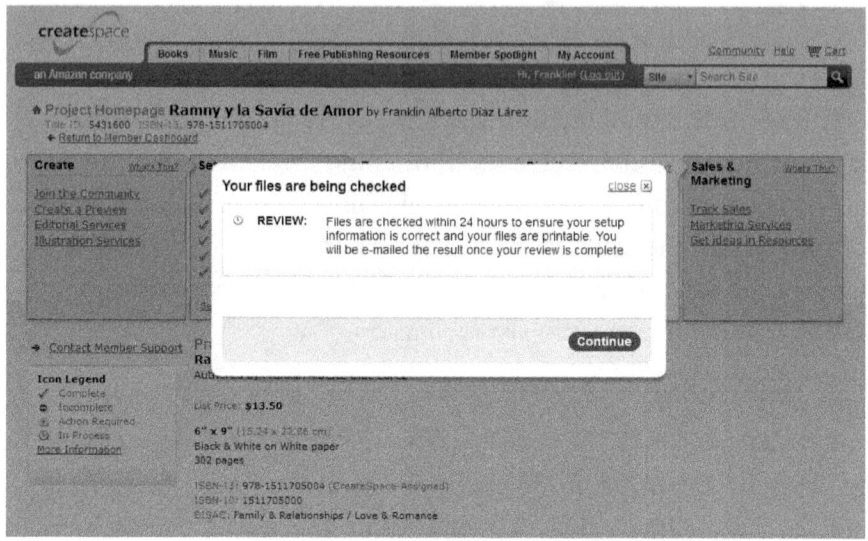

Ahora nos toca esperar el correo de CREATESPACE. En cuanto lo recibamos, y si todo ha ido bien, daremos el último paso que hace falta para que nuestro libro se ponga a la venta. Pero, por ahora, solo toca esperar...

Hemos recibido el correo, y... ¡enhorabuena!, nuestro libro ha pasado exitosamente el proceso de revisión. En mi caso, este ha sido mi correo:

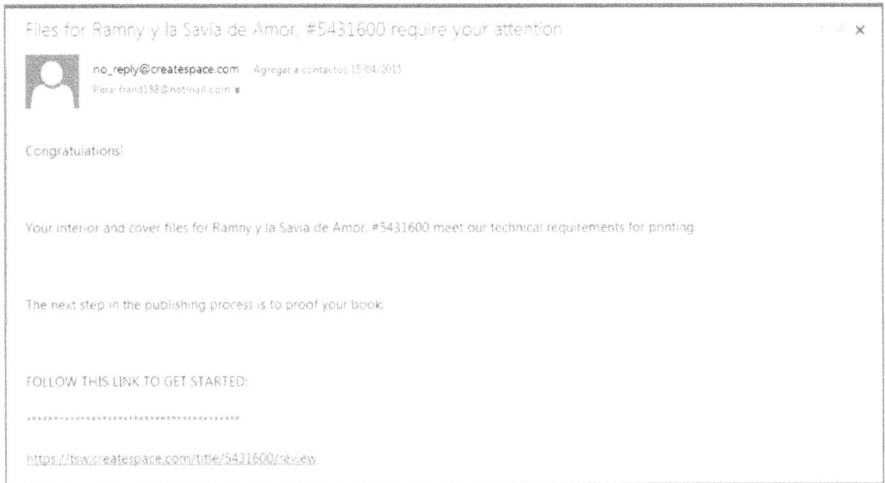

Como se puede observar, me felicitan porque mi libro y mi portada han superado exitosamente el proceso de revisión de CREATESPACE. Si nuestro correo es diferente, y nos dicen que tenemos que realizar cambios, tendremos que seguir al pie de la letra las recomendaciones que nos dan. No puedo incluir en este texto todo el cúmulo de posibles causas por las que nos puedan rechazar el libro. Como comenté antes, si habéis seguido al pie de la letra mis indicaciones, no tendríais que tener problemas. Lo más probable es que vuestros rechazos vengan derivados de la elaboración de la portada, de su tamaño, resolución, etc., pero no de la maquetación interna.

Bien pues, ahora sí que vamos a dar el único paso que nos falta para que nuestro libro se ponga a la venta.

Nos vamos a la página de CREATESPACE, e ingresamos a ella con nuestro email y contraseña. En el escritorio, encontraremos a nuestro libro esperando por nosotros para realizar sobre él la última acción que nos falta para que quede publicado. El denominado PROOF YOUR BOOK, o traducido al español, la prueba de tu libro.

Para ello, pulsamos sobre el nombre de nuestra obra;

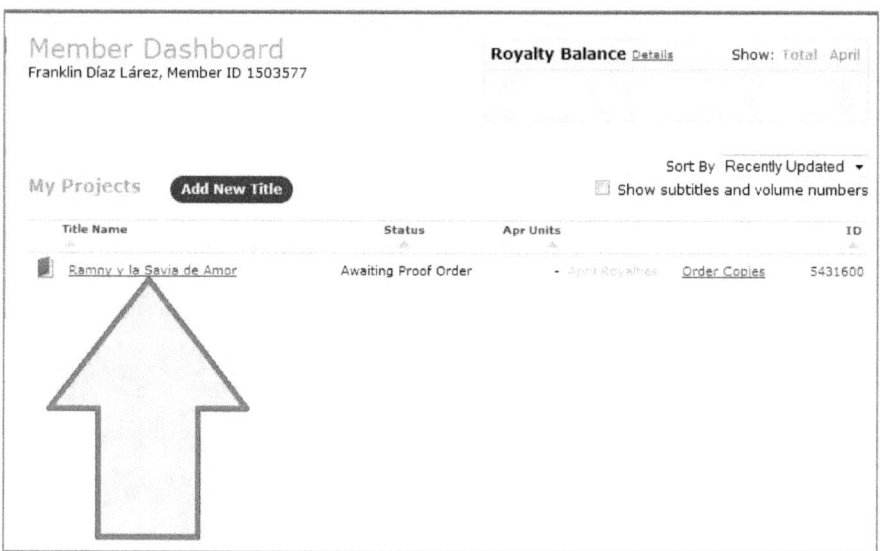

Y nos remitirán a una nueva página en la que tendremos que pulsar sobre la opción PROOF YOUR BOOK

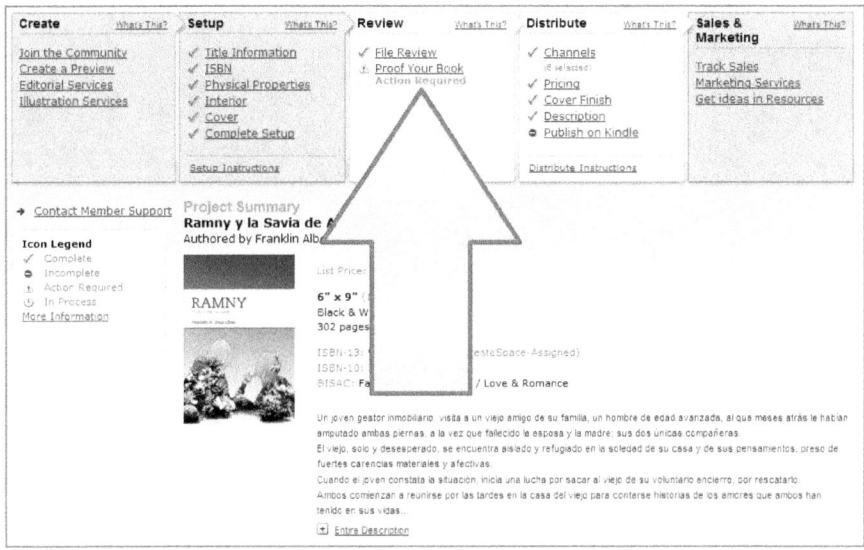

Una vez que pulsemos sobre ella, nos remitirán a la página donde tenemos que darle el aprobado a nuestro libro. Nos ofrecerán dos opciones, la primera, lanzar la opción de prueba digital, y la segunda, pedir una copia impresa del libro para después de revisarlo físicamente y aprobarlo. En la segunda opción, obviamente, tendremos que pagar el coste de la producción del libro más los gastos de envío. Nosotros haremos la primera, la revisión digital.

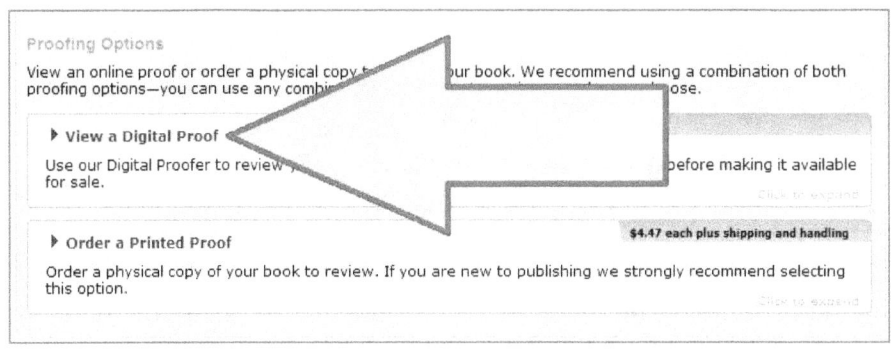

Pulsamos en la opción VIEW A DIGITAL PROOF, y en la ventanilla siguiente que se nos abrirá inmediatamente, pulsaremos la opción LAUNCH DIGITAL PROOFER, como se puede observar en la imagen siguiente:

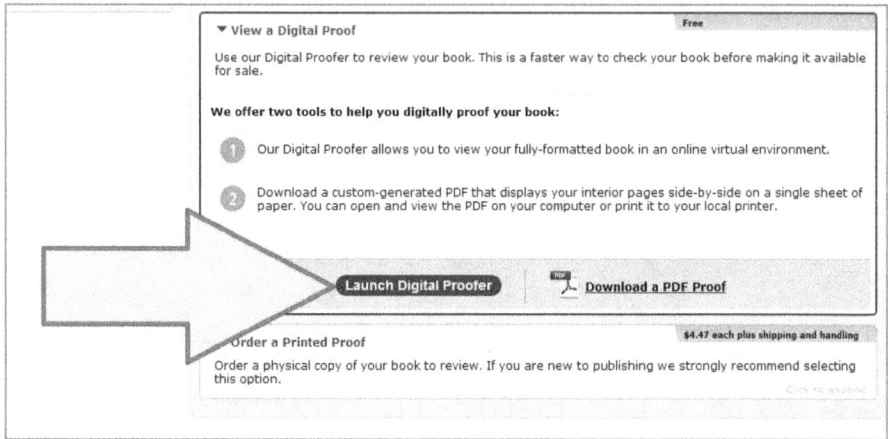

Esperamos a que la página cargue el proceso, que suele tardar uno o dos minutos, y podremos observar cómo quedaría nuestro libro impreso, incluyendo la portada.

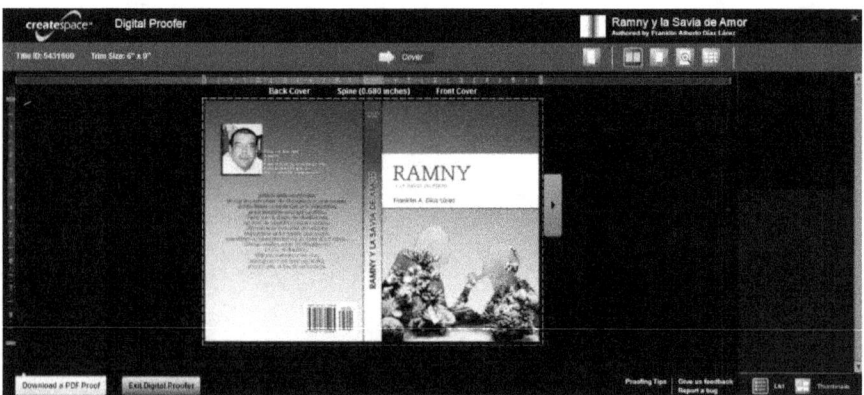

Echamos todos los vistazos que queramos, y al terminar, como no tenemos ningún cambio o modificación que realizar, pulsamos la opción EXIT DIGITAL PROOFER.

Al salir de la página, tenemos que ir a la opción APPROVE, que encontraremos al final de la página.

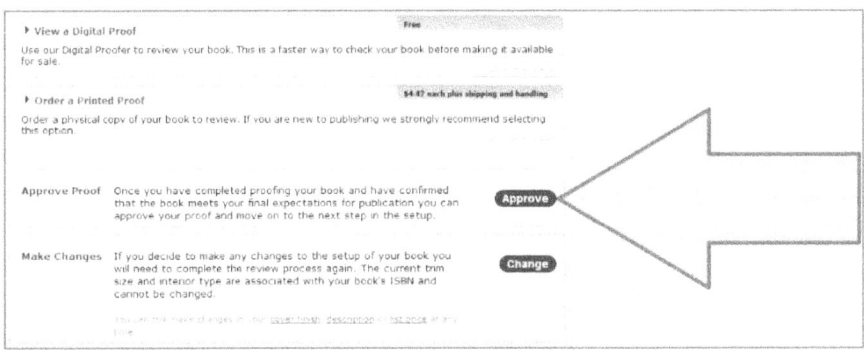

La página nos pedirá confirmación, la cual realizaremos.

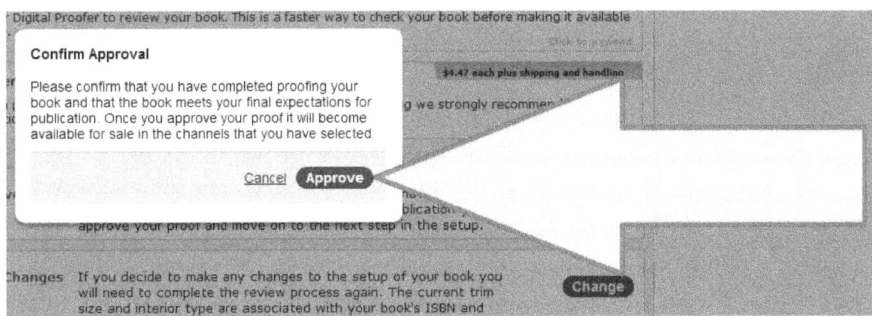

Y así, por fin, habremos terminado el proceso.

Si todo es correcto, la página nos dará el siguiente mensaje:

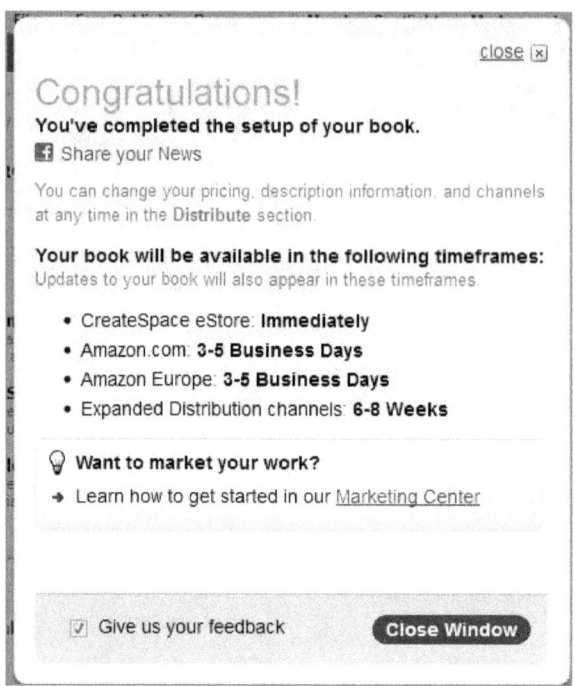

Como se puede observar, nos dicen que el texto estará a la venta en las tiendas es los siguientes plazos:

CreateSpace eStore: Inmediatamente

Amazon.com: Entre tres y cinco días

Amazon Europa: Entre tres y cinco días

Resto de canales de distribución: Entre seis a ocho semanas.

Si desde tu escritorio de CREATESPACE, pulsas sobre el nombre de tu libro, se te abrirá una página en la que encontrarás el enlace a la tienda de CREATESPACE, desde la que se puede adquirir tu texto.

Desde este momento, tus lectores pueden adquirir tu texto en papel, en ese lugar. En mi caso, este:

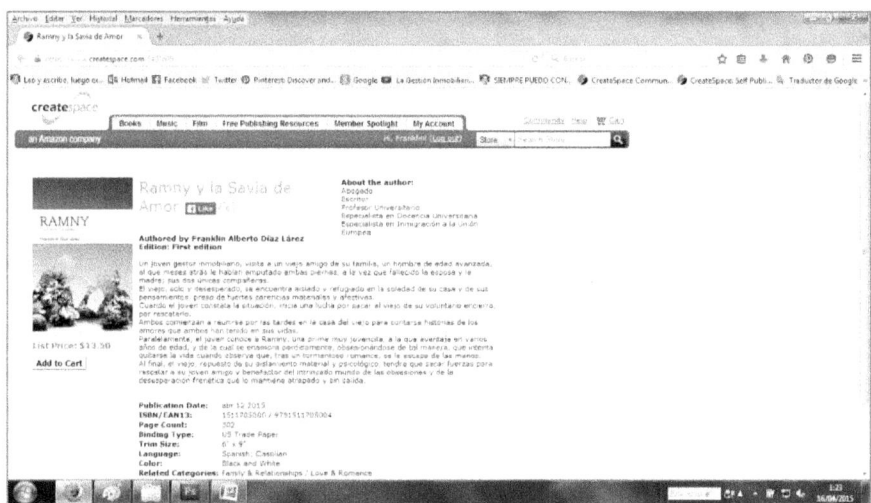

Si esperamos unos pocos días, podremos observar cómo se puede adquirir nuestro texto en papel en cualquier tienda virtual Amazon del mundo entero.

Y ni siquiera eso. A menos de una hora de haber terminado con el proceso, he visto mi texto ya disponible para la venta en varios de los portales de Amazon diseminados por el mundo.

Si quiere ver cómo quedó publicado tu texto en cada portal, solo basta con entrar en cualquiera de ellos, colocar el nombre de tu obra en la barra de búsqueda y lo verás.

Veamos cómo quedó mi libro publicado en algunos portales:

Amazon Estados Unidos:

Amazon España:

Amazon Italia:

AUTOPUBLICACIÓN EN PAPEL
(CREATESPACE - LULÚ - BUBOK)

Amazon Francia:

Amazon Alemania:

Amazon Reino Unido:

PUBLICACIÓN EN LULÚ

Para publicar nuestro libro en el portal lulu.com, lo primero que debemos hacer es registrarnos en la página. En cuanto tengamos el registro hecho, ingresamos con nuestro email y contraseña.

Al ingresar, seleccionaremos de la página principal la opción CREAR TU LIBRO IMPRESO, tal y como se puede apreciar en la siguiente imagen:

A continuación, se nos abrirá la página en la que elegiremos el tamaño del libro que queremos crear, sus medidas, color, tipo de encuadernación, etc. Para mi libro, elegiré la opción correspondiente al tamaño que tengo más parecido al que acabamos de publicar en CREATESPACE. En mi caso, sería el tamaño A5, de 14,81 x 20,99 cm., interior blanco y negro, encuadernación rústica.

Decir aquí que este libro que vamos a crear en lulu.com tendrá un nuevo ISBN, que nos aportará también de forma gratuita el portal. Por eso, tenemos que hacer varias modificaciones en el interior del texto. La primera de ellas, cambiar el número de ISBN que copiamos en las páginas internas, y la segunda, retocar la maquetación interna, pero solo en lo que se refiere al tamaño del texto, y seguramente que como consecuencia de ello, en el índice, porque una modificación aunque pequeña del largo y ancho de la estructura interna de nuestro libro muy probablemente ocasione algún desplazamiento en las páginas, aunque no siempre necesariamente.

Pues bien, como ya sabemos las medidas que le vamos a dar a nuestro nuevo libro, abrimos el que tenemos guardado en formato WORD para modificarlo.

Una vez hecho esto, nos vamos a la pestaña DISEÑO DE PÁGINA, y abrimos CONFIGURAR PÁGINA, como se muestra en la siguiente imagen:

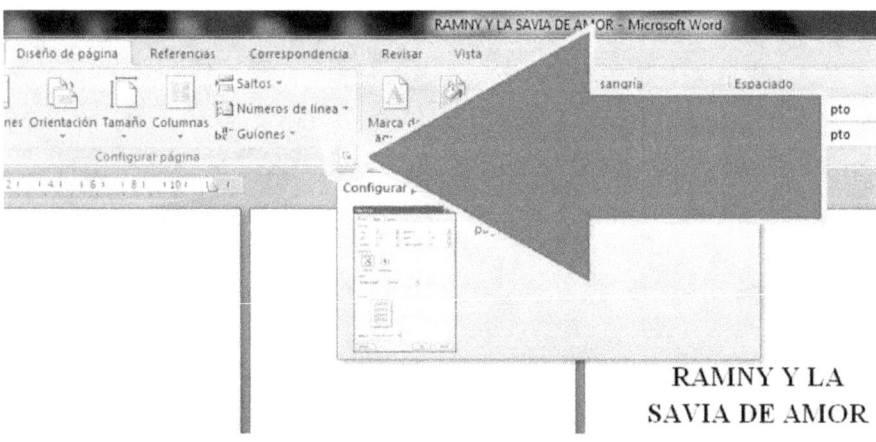

Una vez abierta las opciones de configuración de página, nos vamos a la pestaña PAPEL e introducimos las nuevas medidas que tenemos, y ¡OJO!, un dato súper - importante; pulsamos la opción APLICAR A TODO EL DOCUMENTO, porque de lo contrario los cambios solo se producirían en la primera sección únicamente. En esta imagen podemos observarlo mejor:

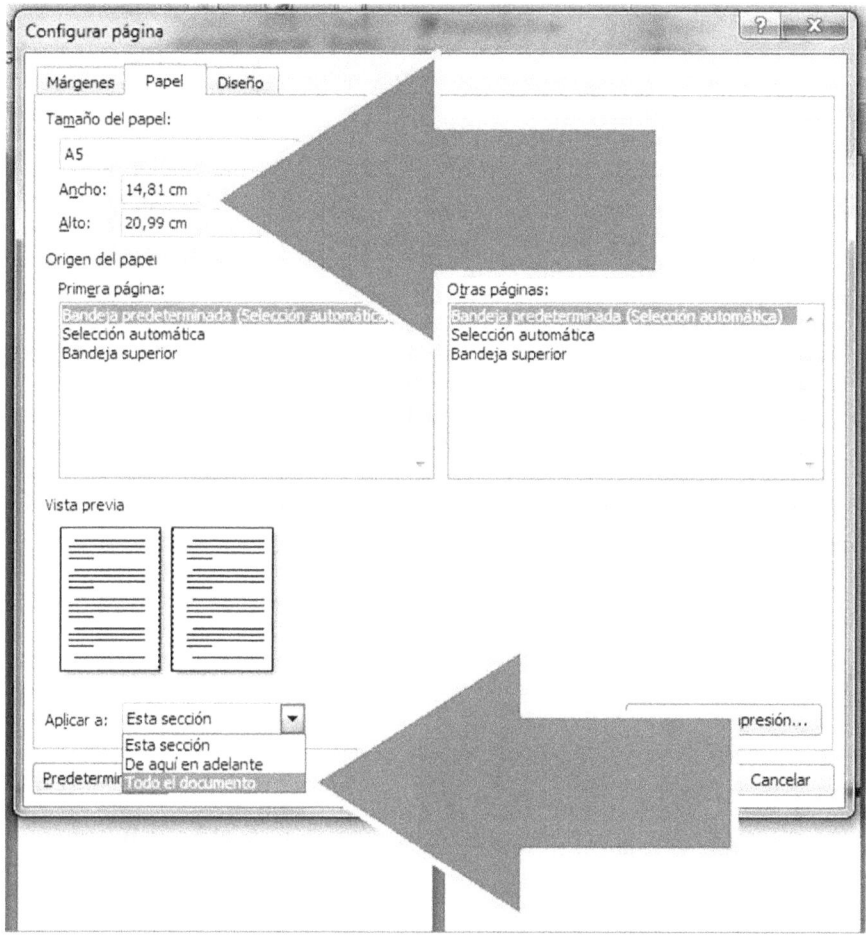

Bien, una vez hecho esto, pulsamos ACEPTAR, salimos de allí y realizamos los cambios en el índice según se hayan producido los desplazamientos en la página. Como hemos maquetado el texto aplicando la opción SALTO DE PÁGINA y SALTO DE SECCIÓN, no tendremos que cambiar nada más, porque de lo contrario tendríamos que reacomodar espacios y desplazamientos de todo tipo que con los cambios realizados en las medidas seguramente habrían convertido el documento en una gigantesca ensalada.

Recordar que también tenemos que borrar el número de ISBN que colocamos en la página correspondiente a los datos técnicos en espera del nuevo que nos va a dar gratuitamente Lulú.

Una vez realizados los cambios, guardamos el nuevo documento y lo reservamos hasta que nos den el nuevo ISBN.

Seguimos ahora en la página de lulu.com. El siguiente paso, será la colocación de los datos principales de la obra, esto es, el título y el nombre del autor.

Dejamos seleccionada la opción VENDER EN LULU, BARNES & NOBLE Y OTROS (o la que mejor nos guste) y hacemos clic en GUARDAR Y CONTINUAR.

Seguidamente nos encontraremos con una página en la que viene marcada por defecto la opción CONSIGUE UN ISBN GRATUITO DE LULU.COM, la dejamos tal cual se encuentra y hacemos clic en GUARDAR Y CONTINUAR.

Elige una opción ISBN

Consigue un ISBN gratuito de Lulu.com
Asigna un único y gratuito ISBN a tu libro haciendo a Lulu.com la editora de la obra. Lulu actuará como editora en tu nombre ante las tiendas y los mayoristas de forma global.* Acuerdo de licencia

Añade un ISBN que ya posees
Asigna un ISBN que ya posees a tu libro. No puedes volver a usar el ISBN asignado para otra edición de tu libro. Los ISBNs deben ser únicos, independientemente del formato del libro. El sello adjunto a tu ISBN permanecerá igual y Lulu.com no aparecerá como la editora.* ¿Cómo compro mi propio ISBN? Acuerdo de licencia

No añadir un ISBN a este libro
Selecciona esta opción si no deseas asignar un ISBN. Tu libro no cumplirá los criterios de selección para la distribución a los distribuidores y mayoristas de todo el mundo.

* para que Lulu pueda incluir tu título en las bases de datos de ISBN, y en los distribuidores y mayoristas, deberás conseguir el servicio gratuito GlobalReach de Lulu una vez que publiques tu libro. Más información sobre los servicios de distribución y opciones de libros válidos para estos servicios

<< Atrás | GUARDAR & CONTINUAR >>

A continuación podremos observar cómo se ha generado nuestro ISBN. Copiamos el número, lo incluimos en los datos técnicos de nuestro libro, y ya lo tendremos maquetado para su publicación en Lulú.

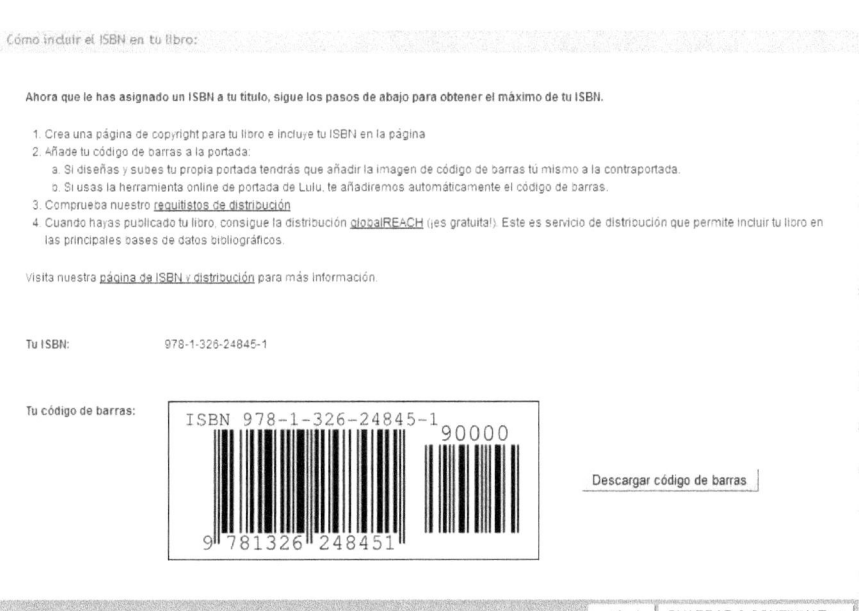

Cómo incluir el ISBN en tu libro:

Ahora que le has asignado un ISBN a tu título, sigue los pasos de abajo para obtener el máximo de tu ISBN.

1. Crea una página de copyright para tu libro e incluye tu ISBN en la página
2. Añade tu código de barras a la portada:
   a. Si diseñas y subes tu propia portada tendrás que añadir la imagen de código de barras tú mismo a la contraportada.
   b. Si usas la herramienta online de portada de Lulu, te añadiremos automáticamente el código de barras.
3. Comprueba nuestro requisitos de distribución
4. Cuando hayas publicado tu libro, consigue la distribución globalREACH (¡es gratuita!) Este es servicio de distribución que permite incluir tu libro en las principales bases de datos bibliográficos.

Visita nuestra página de ISBN y distribución para más información.

Tu ISBN: 978-1-326-24845-1

Tu código de barras:

Descargar código de barras

<< Atrás | GUARDAR & CONTINUAR >>

Como habréis observado, Lulú no solo nos ha dado el número del ISBN, sino que también lo ha generado en un código de barras. A diferencia de CREATESPACE, que insertó el código de barras en la contraportada de nuestro texto, aquí en Lulú ese trabajo tenemos que hacerlo nosotros. Por eso nos dan la opción de DESCARGAR EL CÓDIGO DE BARRAS.

Pues bien, nos ponemos a ello. Descargamos el código de barras y lo insertamos en la contraportada de nuestro libro. La forma de hacerlo dependerá del programa de photoshop con que estemos trabajando, por eso es que no lo vamos a explicar aquí. Lo único es decir que para que los distribuidores de Lulú acepten vender nuestro libro, es indispensable que tenga el código de barras con el ISBN insertado en la contraportada de nuestro libro. Solo por poneros un ejemplo, os muestro como queda la contraportada de mi libro con el código de barras de Lulú:

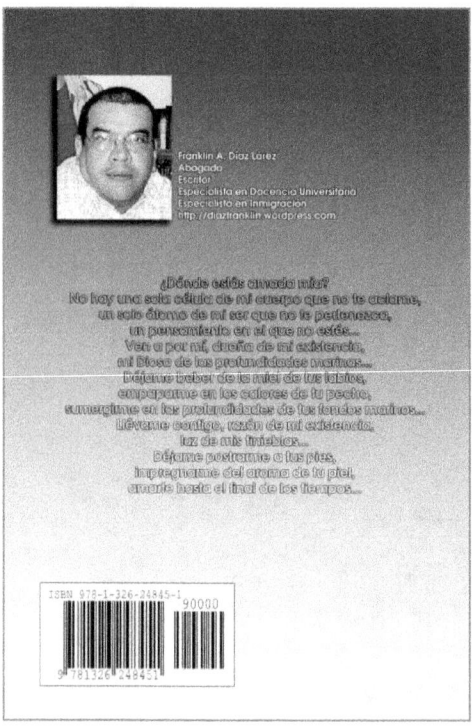

Continuamos.

En la página siguiente, tenemos que cargar nuestro libro, que se supone ya tenemos terminado con las nuevas medidas, el nuevo ISBN en el interior, y los cambios necesarios en el índice. A diferencia de CREATESPACE, aquí podemos subir el texto directamente en el formato WORD. No es necesario que lo convirtamos a PDF

Pues bien, en primer lugar buscamos nuestro archivo con la opción EXAMINAR; en segundo lugar pulsamos la opción SUBIR, esperamos a que se complete el proceso de subida, y en tercer lugar pulsamos la opción CREAR ARCHIVO LISTO PARA IMPRIMIR, tal y como se puede ver en la siguiente imagen:

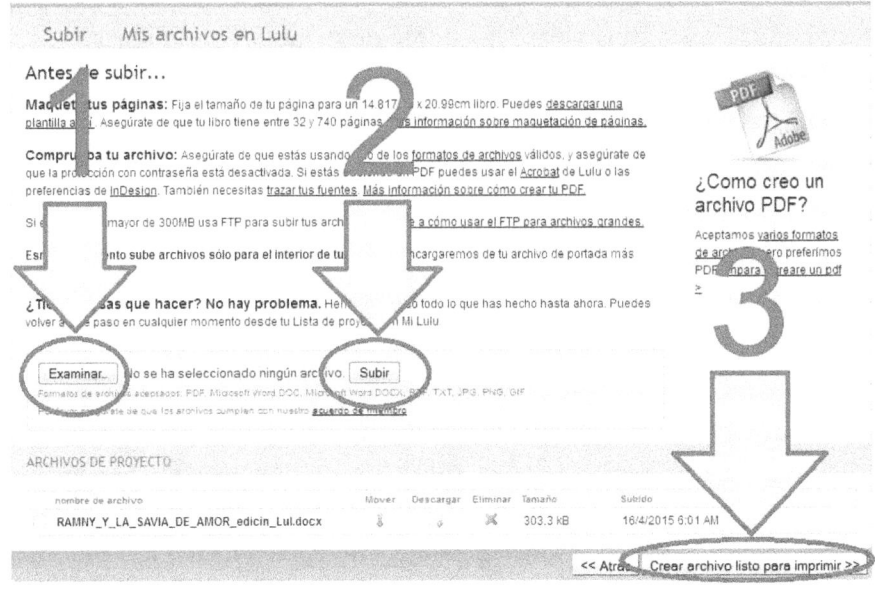

En la página siguiente, Lulú convertirá nuestro archivo en uno listo para imprimirse, que podremos descargar para revisar, si queremos, o simplemente guardar y continuar para seguir con el proceso.

Guardamos y continuamos.

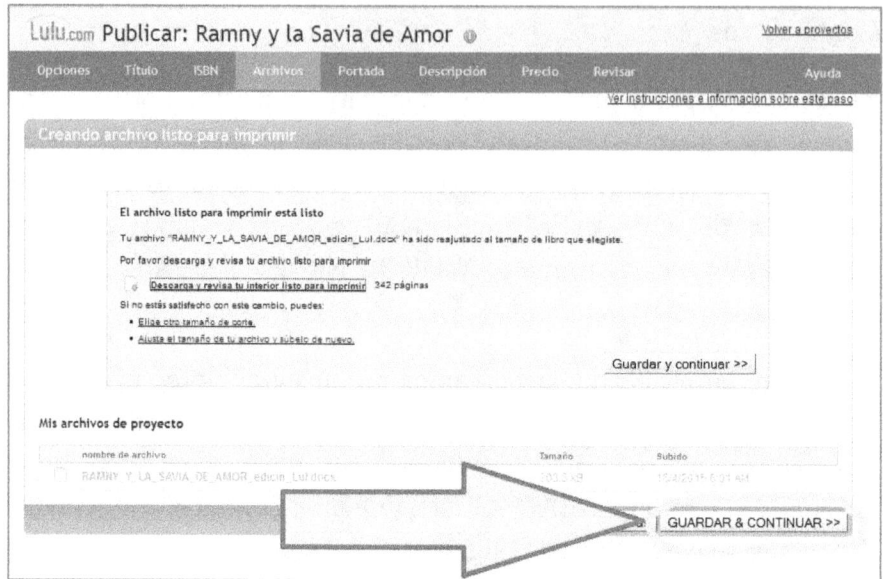

A continuación se nos abrirá la página de creación de la portada. Tal y como nos ocurrió anteriormente con CREATESPACE, aquí también tendremos dos opciones; hacer la portada con el tutorial de la página, o subir la imagen que previamente hayamos realizado por nuestra cuenta.

No vamos a explicar aquí los pasos para hacer la página con el tutorial porque son muy sencillos y se explican por sí mismos.

Sin embargo, respecto al caso de que hayamos decidido realizar la portada por nuestra cuenta, y decidamos subirla, tendremos que ajustarla a las especificaciones sobre la medida que nos exigirá el portal. Recordar nuevamente que es indispensable que coloquemos la etiqueta con el ISBN sobre la contraportada.

Para ello, pulsaremos la opción DISEÑADOR AVANZADO DE PORTADAS DE UNA SOLA PIEZA

Se nos abrirá una ventana en la que tendremos la especificación sobre las medidas que tiene que contener nuestra portada

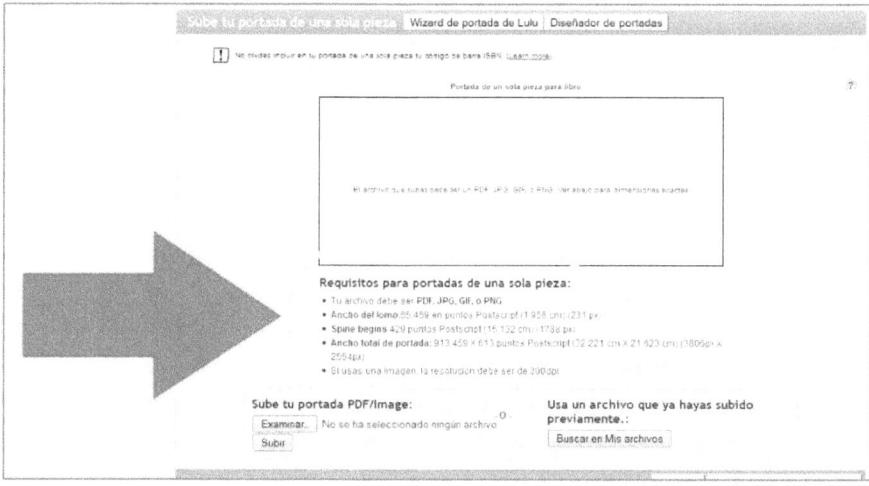

Tomamos nota de estos datos, y se los aplicamos a la imagen que tengamos de nuestra portada. Luego, subimos la imagen, y listo, ya podemos pasar al siguiente paso.

Si has sido riguroso con las medidas y la resolución que te ha exigido Lulú para la portada, se cargará sin ningún problema. Debería quedarte más o menos así:

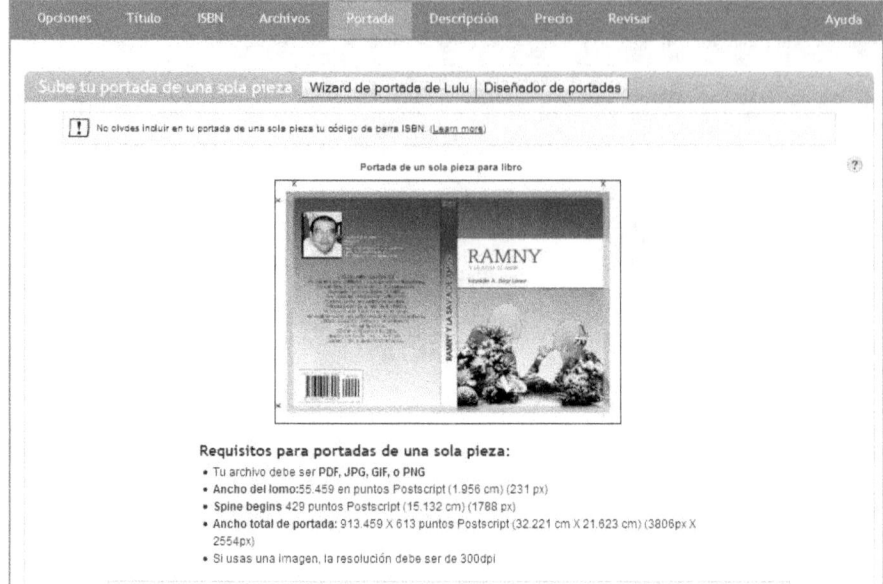

Pulsamos la opción GUARDAR Y CONTINUAR, y proseguimos con el siguiente paso.

Ahora tenemos que colocar los datos relativos a la categorización de nuestro libro, colocación de algunas palabras claves, sinopsis, idioma, leyenda y licencia del copyright, número de edición y nombre del editor.

Así queda esta parte rellenada con mis datos:

Contenido Explícito:	☐
	Este proyecto contiene contenido explícito y está destinado a lectores por lo menos 18 años de edad
Categoría: requerido	Amor y Relaciones ▾ ⑦
Palabras claves:	Amor, pasión, romance, amistad, obsesión ⑦
	Escribe palabras clave separadas por comas Se recomienda entre dos y tres frases claves
Descripción: requerido	Un joven gestor inmobiliario, visita a un viejo amigo de su familia, un hombre de edad avanzada, al que meses atrás le habían amputado ambas piernas, a la vez que fallecido la esposa y la madre; sus dos únicas compañeras. El viejo se encuentra aislado y refugiado en la soledad de su casa y de sus pensamientos, preso de fuertes carencias
	⑦ Tu descripción debe tener un mínimo de 50 caracteres, (un inclui espacios), y un máximo de 1000 caracteres, espacios incluidos El incluidor de arriba le ayudará a saber cuando usted se sale dentro de estos parámetros
Idioma: requerido	Español ▾
Leyenda de copyright:	© 2015 por Franklin Alberto Díaz Lárez ⑦ Ejemplo: © 2015 por
Licencia: requerido	Licencia copyright estándar ▾ ⑦
Edición:	Primera edición ⑦ Ejemplo: Segunda edición
Editor:	Franklin Alberto Díaz Lárez ⑦

Guardamos y continuamos.

Ahora viene la fijación del precio. Al igual que CREATESPACE, Lulú fija un precio mínimo por debajo del cual no podrás vender tu libro en este portal. Luego tú fijarás el precio de acuerdo a tu criterio. Puedes fijar el mismo que establece Lulú como mínimo, y aun así obtendrás ganancias, porque en esta opción, a diferencia de CREATESPACE, Lulú establece como obligatoria la mínima cantidad que te pagará por cada unidad vendida de tu libro

En el caso de mi libro RAMNY Y LA SAVIA DE AMOR, Lulú establece como precio mínimo de venta la cantidad de €13,34 con la cual yo obtendría una ganancia de €3,76 por unidad vendida, lo cual me parece razonable, por lo cual voy a dejar fijada esa cantidad.

Decir también que no es muy aconsejable que haya diferencias sustanciales de precio entre las distintas plataformas en las que coloquemos nuestros libros a la venta. Es preferible que el precio sea similar en todas ellas.

Así, mis precios quedarán fijados de esta manera:

Y este es el paso final. Ahora solo nos queda pulsar la opción REVISAR PROYECTO y nos remitirán a la página donde se encuentran reflejados todos los datos de nuestro libro. Bajamos hasta el final de la página, pulsamos en GUARDAR Y FINALIZAR, y ya tendremos nuestro libro publicado en Lulú y disponible para todo aquel que lo quiera comprar.

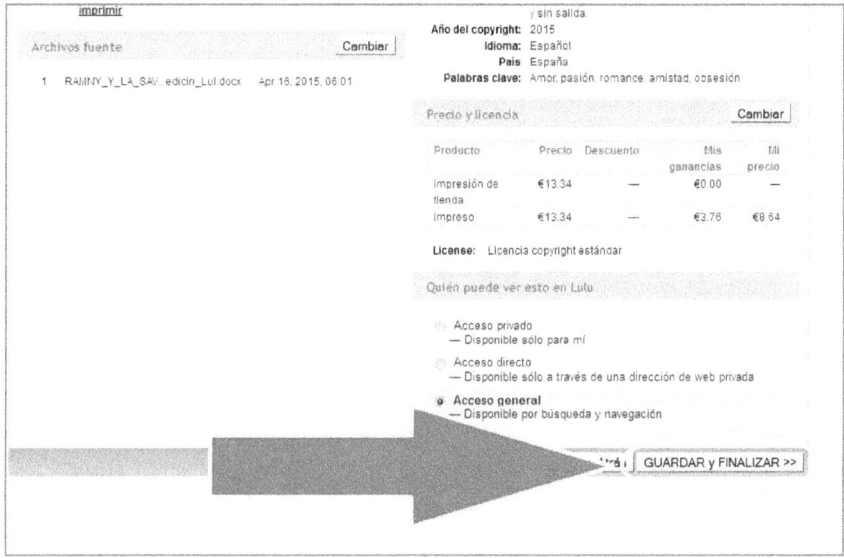

En la página siguiente te mostrarán el enlace a la página de Lulú en que estará disponible para la venta tu libro.

Si pulsas sobre él, te redirigirán a ella. Aquí puedes observar cómo quedó publicado mi libro RAMNY Y LA SAVIA DE AMOR:

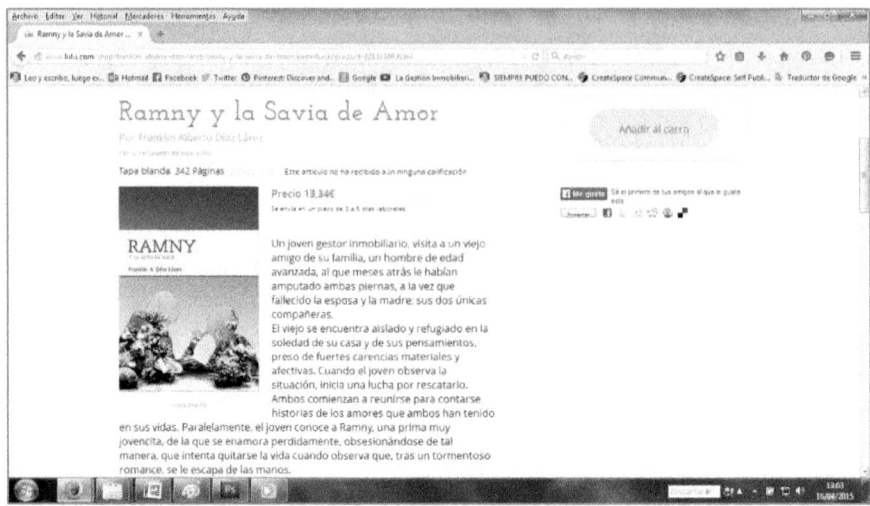

PUBLICACIÓN EN BUBOK

Tal y como ya hicimos en CREATESPACE y en LULÚ, el primer paso que vamos a dar aquí es registrarnos en la web de BUBOK. Es un proceso sencillo que no requiere de mayores explicaciones.

Una vez registrados, ingresamos a la página con nuestro email y contraseña, y hacemos clic en la opción PUBLICA, que se encuentra ubicada en la parte superior izquierda.

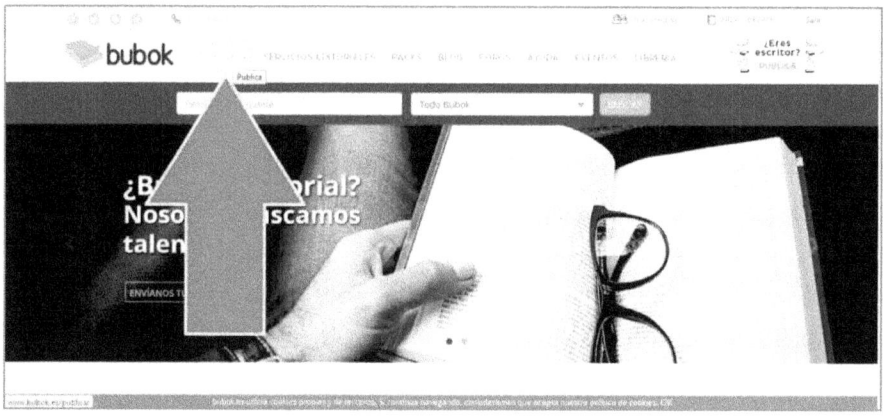

Una vez hecho esto, se nos abrirá una nueva página en la que podremos cargar nuestro libro al servidor de BUBOK.

Antes de continuar con el proceso, es necesario hacer algunas aclaraciones.

En primer lugar, decir que BUBOK solo admite siete tamaños de textos para su publicación, que son los siguientes:

1) 21 x 29.7 cm.

2) 21.6 x 27.9 cm.

3) 17 x 23.5 cm.

4) 15 x 21 cm.

5) 19 x 19 cm.

6) 22.9 x 17.8 cm.

7) 10.8 x 17,5 cm.

Nosotros ya tenemos nuestro texto maquetado en alguno de estos tamaños, según ha sido la página donde hemos publicado. Es decir, que tenemos dos tamaños maquetados de nuestro texto, el que le dimos para publicarlo en CREATESPACE, y el que le dimos para publicarlo en LULÚ. Cualquiera de los dos que escojamos nos puede valer para publicarlo aquí. Por tanto, no es necesario maquetar nuevamente nuestro texto, cambiarle nada del interior.

En segundo lugar, decir que es necesario tener en cuenta que el texto que vamos a utilizar para su publicación en BUBOK, ya tiene un ISBN asignado, bien por CREATESPACE o por LULÚ. Lo que tenemos que hacer es estar pendiente de cuál de los dos textos vamos a utilizar, porque luego ese mismo ISBN nos va a servir aquí. No va a ser necesario adquirir un nuevo ISBN de BUBOK. Y, en el caso de que quisiéramos uno, tendríamos que pagarlo, y no es necesario, porque, como ya he dicho antes, podemos utilizar alguno de los dos que ya tenemos.

Bien, pues en mi caso, usaré el texto que maqueté para publicarlo en LULÚ, cuyo tamaño se corresponde con una de las opciones que me ofrecen, el tamaño A5, o de 15 x 21 cm. Por tanto, tendré que tener presente el número de ISBN que me dio LULÚ para utilizarlo aquí.

Continuamos.

Una vez que he elegido el texto que voy a publicar aquí, lo que tengo que hacer ahora es buscarlo en mi ordenador. ¡Ah!, pero nos hemos topado aquí con un pequeño detalle, y es que BUBOK solo admite para su publicación los formatos PDF, Epub y .mobi., y nosotros solo teníamos en PDF el texto que publicamos en CREATESPACE.

Esto no representa ningún problema para nosotros, porque ya sabemos cómo convertir nuestro documento a PDF. Procedemos a convertirlo, y lo subimos al servidor de BUBOK. Una vez cargado, nos aparecerá el texto en el lado izquierdo de la página.

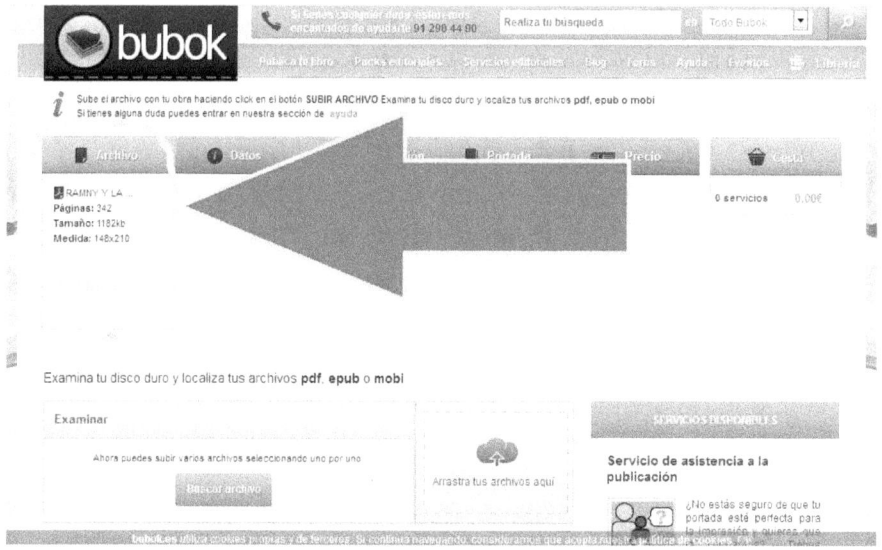

Seguidamente seleccionamos cómo queremos que se venda nuestro libro; en digital, impreso, o en ambas. Si nos fijamos bien, en la página vienen ambas opciones marcadas por defecto:

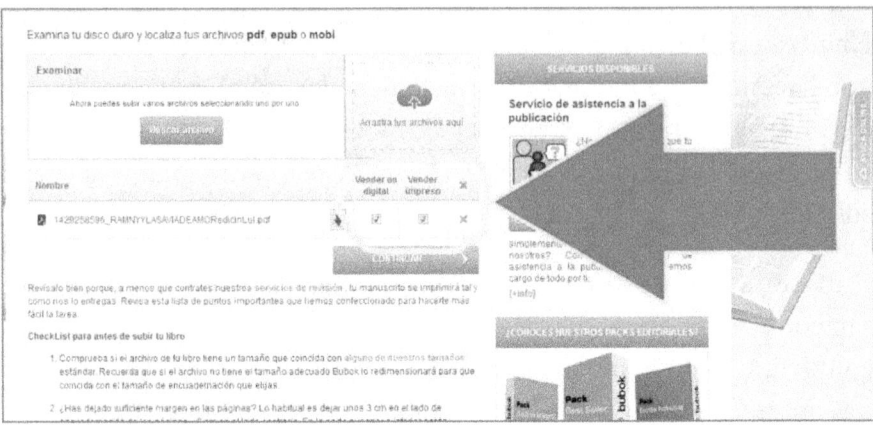

Y lo podemos vender aquí en ambos formatos sin ningún problema. Lo que ocurre es que este libro no está maquetado para ser vendido en formato digital, sino solo en formato papel. Carece del ensamblaje necesario para ser leído de forma cómoda en un ordenador, tableta o teléfono móvil. Sin embargo, esto no quiere decir que este libro no pueda ser leído en esos dispositivos. Lo que ocurre es que el lector no se va a encontrar con un texto debidamente ensamblado para leer de otra manera que no sea en papel. Le sobran páginas en blanco (las dos primeras, por ejemplo), pero sobre todo, no contiene los enlaces, marcadores e hipervínculos propios y deseables en todo libro digital. De allí que yo no recomiendo publicar este texto en formato digital, sino solo en papel. Pero, aquí cada quien es libre de elegir.

Como yo solo voy a publicar este libro para que venda en este portal de manera impresa, dejo marcada solo la segunda de las opciones y luego pulso la opción CONTINUAR.

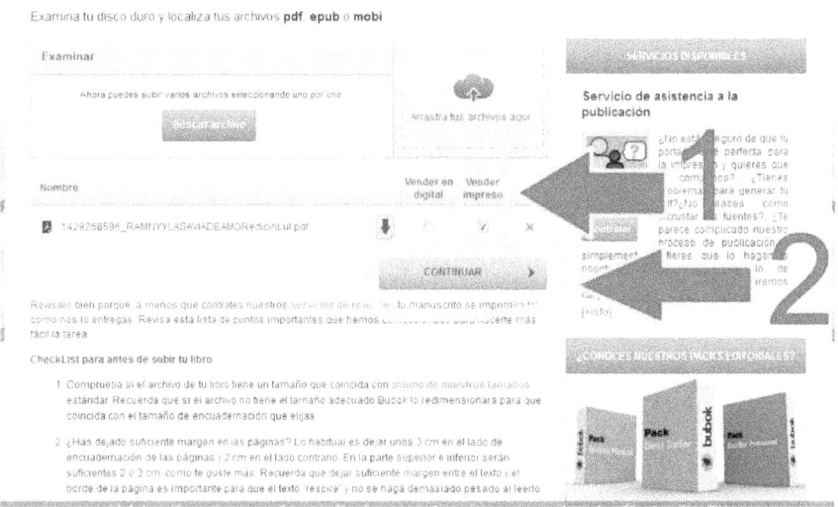

Fijaros que, a diferencia de los portales anteriores en los que hemos dejado publicados nuestros textos, en BUBOK encontraremos a cada paso la posibilidad de contratar servicios por todo, desde la maquetación del libro, registro, ISBN, portadas, campañas publicitarias, promociones, etc. Y parece lógico, porque este es su negocio, su forma principal de generar recursos. Pero si seguís al pie de la letra mis indicaciones, no tendréis que pagar a BUBOK un solo centavo por publicar vuestros libros y ponerlos a la venta. Recordar que de eso trata este libro, de cómo auto-publicar un libro sin tener que pagar un solo centavo.

Seguimos.

En la página siguiente, tendremos que rellenar los datos de la obra en el orden siguiente:

1) Nombre

2) Autor

3) Sinopsis

4) Palabras descriptivas

5) Categoría y sub - categoría

6) Idioma

7) Mostrar páginas del libro

Estos datos ya los tenemos, y no se van a explicar aquí nuevamente por razones obvias. El único en el que sí nos vamos a detener un poco es en el último MOSTRAR PÁGINAS DEL LIBRO.

CREATESPACE y LULÚ realizan esta acción automáticamente, es decir, las mismas páginas generan las denominadas VISTAS PREVIAS del libro; una especie de visión preliminar de algunas páginas con las que el lector pueda hacerse una idea de lo que se va a encontrar. Es una especie de "adelanto". En LULÚ se puede modificar la vista previa, no así en CREATESPACE.

Aquí en BUBOK, la vista previa del texto la creamos nosotros en este apartado, escogiendo qué páginas del libro queremos mostrar al lector de forma gratuita. Yo acostumbro mostrar las primeras veinte páginas de mis novelas. Pienso que con ello es más que suficiente para que un posible comprador decida si le gusta o no lo que lee. En ellas incluyo el título, los créditos y el índice de la obra.

Para ello tengo que seleccionar la opción de mostrar páginas a partir de la página tercera, que es la que contiene el título. Recordemos que hemos dejado las dos primeras en blanco. Así, esta opción quedaría marcada de esta manera:

Pulsamos en GUARDAR Y CONTINUAR y pasamos a la página siguiente.

En la página siguiente escogeremos el tamaño del libro (que ya viene seleccionado por defecto a partir del tamaño del archivo que hemos subido), el color de las páginas interiores (que ya viene seleccionado en blanco y negro por defecto, pero que si seleccionamos la opción a color nos va a subir enormemente el precio), el tipo de acabado para la portada, el tipo de papel y la encuadernación que queremos.

No creo que sea necesario realizar aquí mayores explicaciones sobre estos extremos. Únicamente decir que yo suelo escoger las opciones que vienen marcadas por defecto, porque son las que más se ajustan a mis libros, a excepción de la opción encuadernación, que suelo escoger la de pegado, y no la de grapado que es la que viene seleccionada por defecto.

Terminamos con esta página, pulsamos la opción GUARDAR Y CONTINUAR y pasamos a la siguiente.

Ahora viene la portada.

Aquí, como en CREATESPACE y LULÚ, nos volveremos a topar con las dos opciones; creación de la portada con un tutorial, o subir la portada que nosotros mismos previamente hemos elaborado.

Como he hecho en los casos anteriores, no voy a comentar aquí cada paso de la creación de portada con el tutorial porque es una cosa muy sencilla y solo basta con seguir al pie de la letra las indicaciones que nos dará la página en cada momento para tener nuestra portada puesta a punto.

En lo que sí nos vamos a detener va a ser en la creación de la portada a partir de un archivo nuestro, porque aquí hay matices que no podemos soslayar en modo alguno.

Lo primero que vamos a hacer es a buscar el tamaño que debemos dar a nuestra portada aquí. Para ello elegiremos la opción PORTADA DE UNA SOLA PIEZA

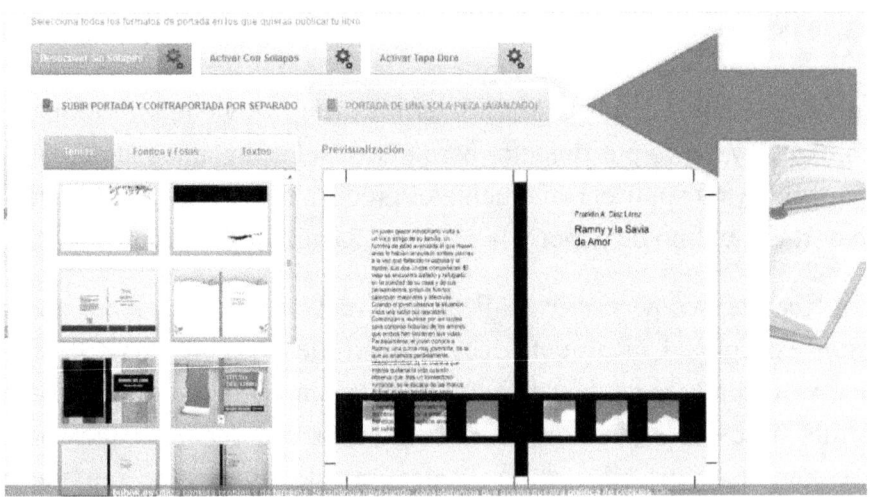

Al hacerlo, observaremos como se abre una nueva vista en la que tendremos especificados los datos técnicos que debe tener nuestra portada para ser admitida, esto es, el tipo de archivo, su tamaño, las especificaciones del tamaño del lomo, la portada y la contraportada, la resolución, y MUY IMPORTANTE, y por eso lo coloco en mayúsculas, QUE EL ARCHIVO TENGA 1 CENTÍMERO DE CADA LADO EN BLANCO.

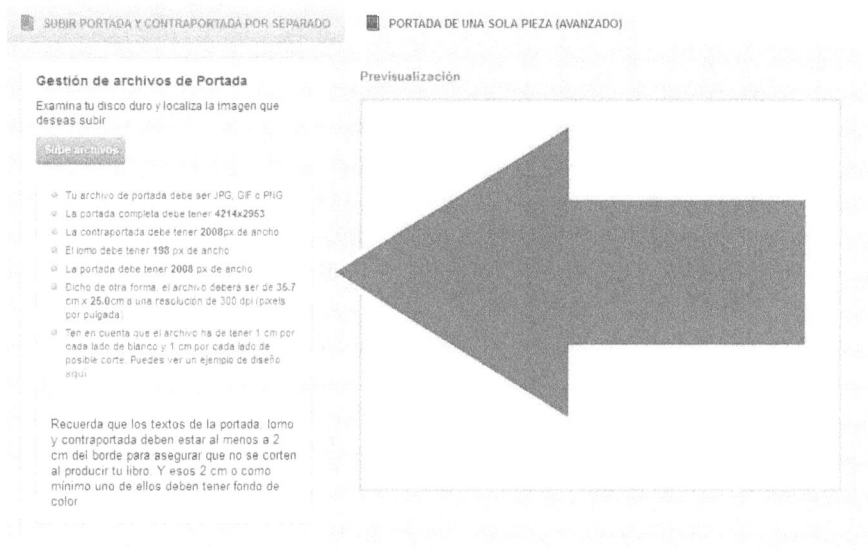

Esto lo hacen automáticamente otros portales, pero aquí tenemos que hacerlo nosotros; dejar 1cm. en blanco de cada lado en nuestro archivo, porque de lo contrario, cortarán la portada a la hora de la impresión de manera incorrecta. Y no nos devolverán el dinero en caso de error nuestro, por eso lo recalcar bien en las indicaciones:

- Tu archivo de portada debe ser JPG, GIF o PNG
- La portada completa debe tener **4214x2953**
- La contraportada debe tener **2008px** de ancho
- El lomo debe tener **198 px** de ancho
- La portada debe tener **2008 px** de ancho
- Dicho de otra forma, el archivo deberá ser de **35.7 cm x 25.0cm** a una resolución de 300 dpi (pixels por pulgada)
- Ten en cuenta que el archivo ha de tener 1 cm por cada lado de blanco y 1 cm por cada lado de posible corte. Puedes ver un ejemplo de diseño aquí

Por tanto, este es un trabajo adicional que tenemos que hacer; añadir ese centímetro de más.

No vamos a explicar aquí como ajustar la portada a estas nuevas especificaciones, porque como dijimos antes a propósito de la creación de portadas en CREATESPACE y LULÚ, esto dependerá del programa de photoshop de cada quien. Lo importante aquí es ver las medidas, tomarlas, ajustar nuestros archivos de portada, lomo y contraportada, unirlos en una portada completa, y luego añadir ese centímetro adicional tan importante.

Recordar que tenemos que usar la portada que contiene el código de barras con el ISBN de LULÚ, que es el mismo que usaremos más adelante para la puesta en venta de este libro aquí.

Cuando tengamos nuestra portada preparada, la subimos, y si todo ha ido bien, nos debe aparecer un mensaje de aprobación, como se puede observar en la imagen siguiente:

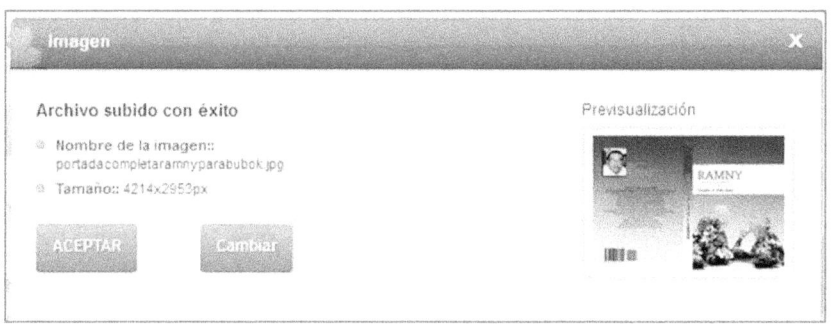

Pulsamos ACEPTAR, después, GUARDAR Y CONTINUAR, y pasamos a la página siguiente.

Llegamos a la página donde fijaremos el precio por el que queremos que BUBOK venda nuestro libro.

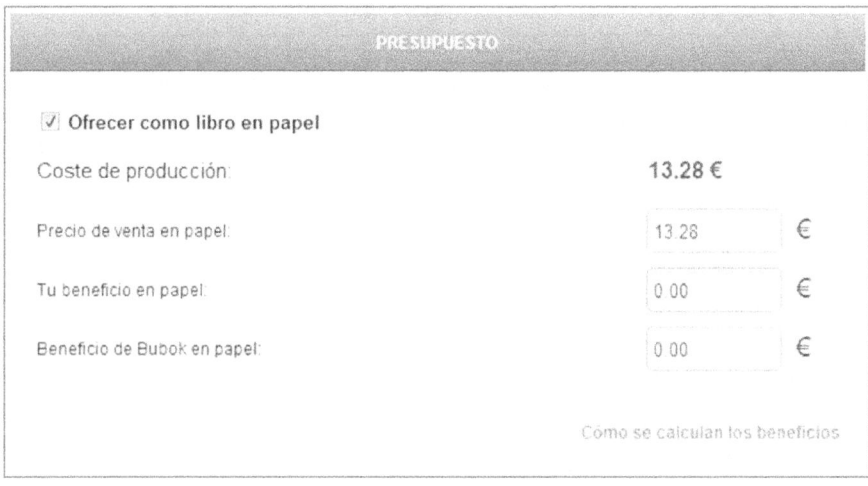

Para obtener una mínimamente razonable por unidad vendida en BUBOK, tendríamos que fijar nuestros precios en €15 por lo menos.

Un poco más abajo, en esa misma página, tendremos que rellenar los datos correspondientes al número de ISBN, que ya tenemos.

Seleccionamos la opción YA TENGO UN ISBN PARA ESTA EDICIÓN Y QUIERO USARLO. Se nos desplegará un menú para añadir el número. Colocamos el ISBN que tenemos de LULÚ (al menos en mi caso), pulsamos la opción CONFIRMAR, y ya quedará nuestro libro publicado y a la venta en este portal.

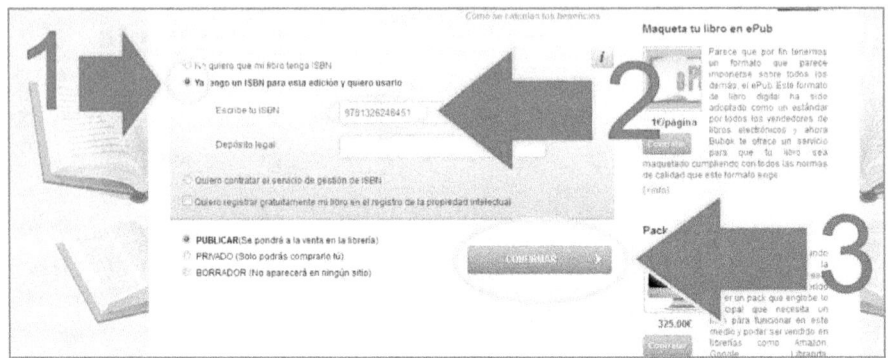

Así quedó mi libro publicado en BUBOK:

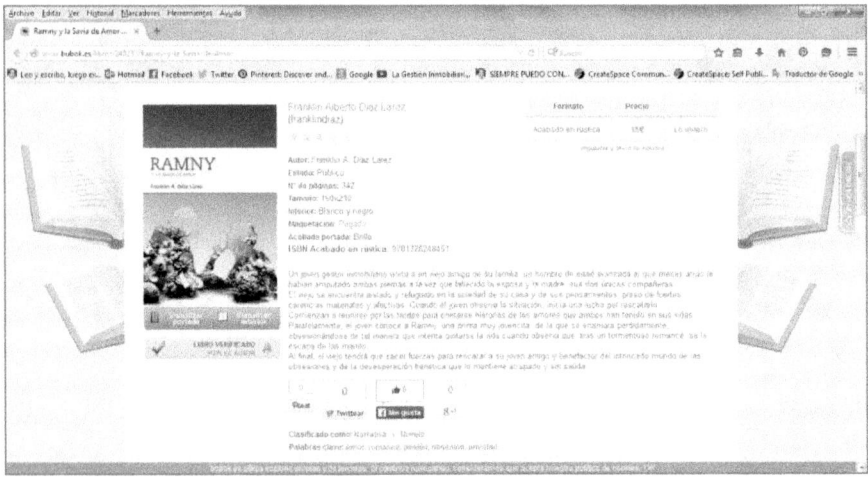

COMPARATIVA DE PRECIOS

Si hacemos una comparativa entre los tres portales en los que vamos a vender nuestro libro, observaremos la enorme diferencia de precios que existe entre ellos.

CREATESPACE:

LULÚ:

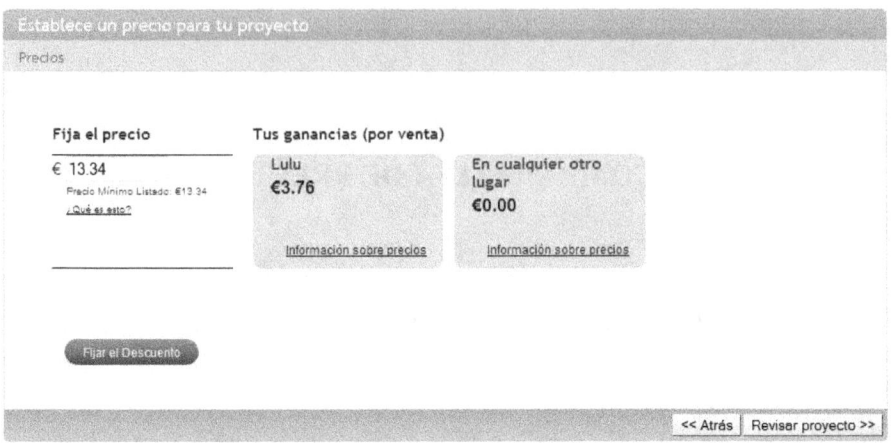

BUBOK:

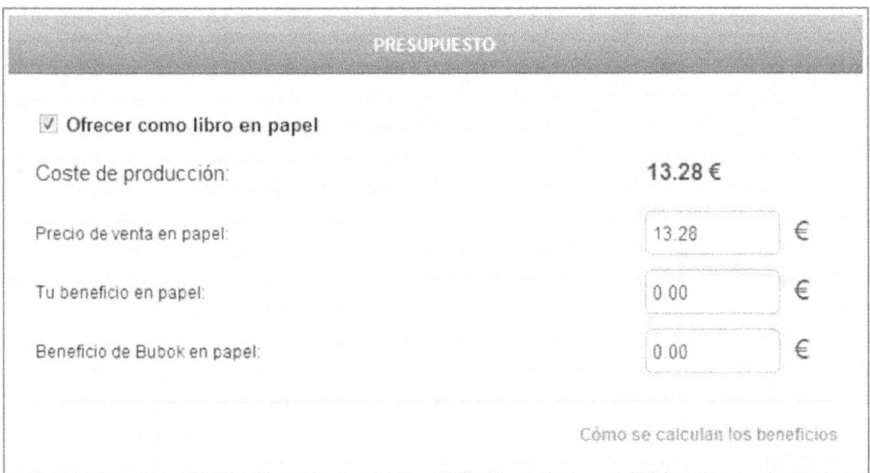

Aparentemente, estos serían los costes de producción:

CREATESPACE.. €7,04

LULÚ €13,34

BUBOK... €13,28

Sin embargo, hay que aclarar aquí dos puntos que no son visibles a simple vista.

El primero es que, aunque lo parezca, no es más caro LULÚ, sino BUBOK, porque en el precio mínimo que nos exige LULÚ ya incluye la ganancia que nos daría por cada unidad vendida. Sin embargo en BUBOK no. Si dejamos marcado el precio mínimo que nos dice la página de BUBOK, obtendremos cero euros de ganancias, mientras que en LULÚ, dejando seleccionada la opción del precio mínimo que nos fija la página, obtendríamos €3,76 por unidad vendida.

Así, los precios reales de producción de cada portal serían (para el caso de España, obviamente):

CREATESPACE €7,04

LULÚ...€9,58

BUBOK €13,28

En segundo lugar, decir que lo anterior tampoco es del todo cierto, porque hay más detalles ocultos. En CREATESPACE podemos adquirir nuestros libros por un precio mucho más bajo aun de ese que aparentemente nos han dado como mínimo. Si ingresamos a nuestra cuenta en CREATESPACE, veremos que tenemos la posibilidad de adquirir copias de nuestro libro por un precio mucho más económico. Para ello nos vamos a la opción ORDER COPIES, y podremos comprobarlo.

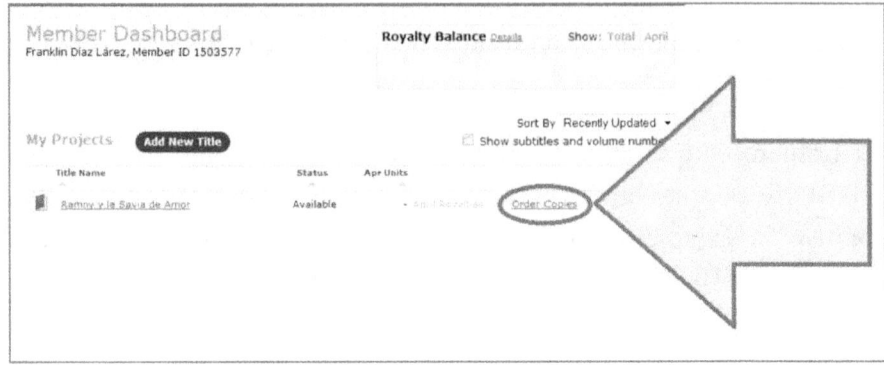

Se nos abrirá la ventana desde la que podremos adquirir el número de copias que queramos de nuestro texto, pero sobre todo, la indicación del precio real por el que nos saldría cada unidad:

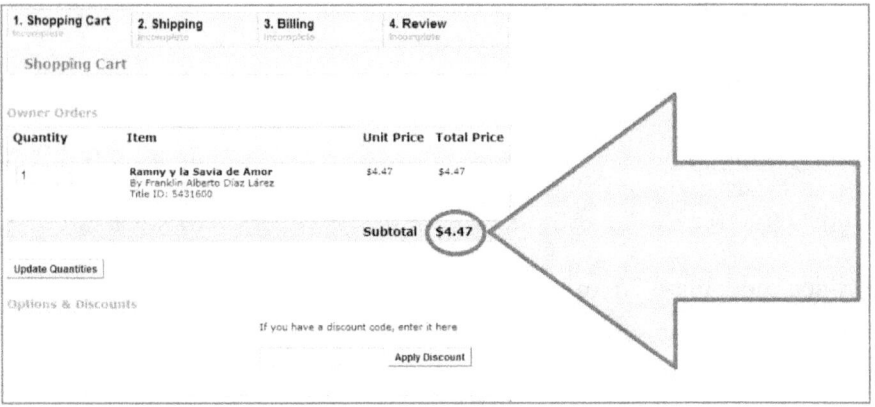

Cuatro dólares con cuarenta y siete centavos ($4,47). Ese es nuestro precio de adquisición como autores.

Ocurre que para quienes vivimos fuera de los Estados Unidos, el único inconveniente radica en el tema del pago del transporte y/o derechos aduaneros adicionales que tendremos que sumar al coste de producción de nuestra obra, lo cual no ocurre los otros dos portales.

Tomar en cuenta también que BUBOK, por ejemplo, hace descuentos adicionales por número de copias adquiridas; a mayor número mayor el descuento.

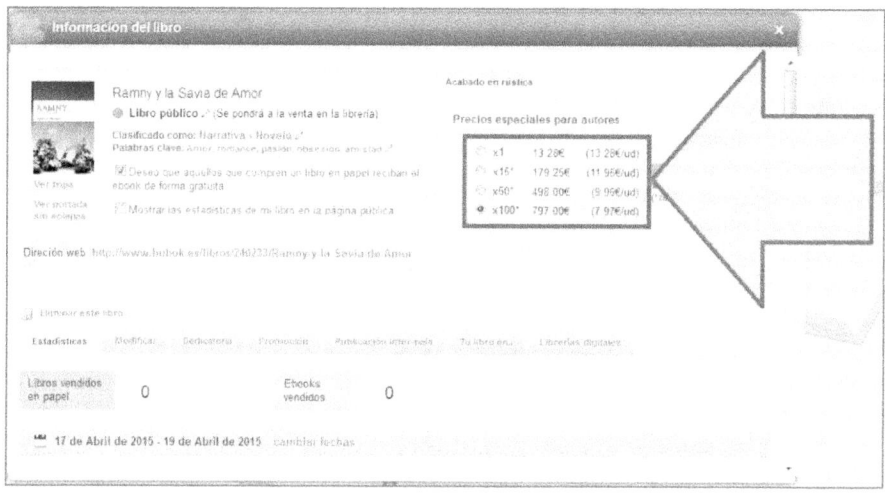

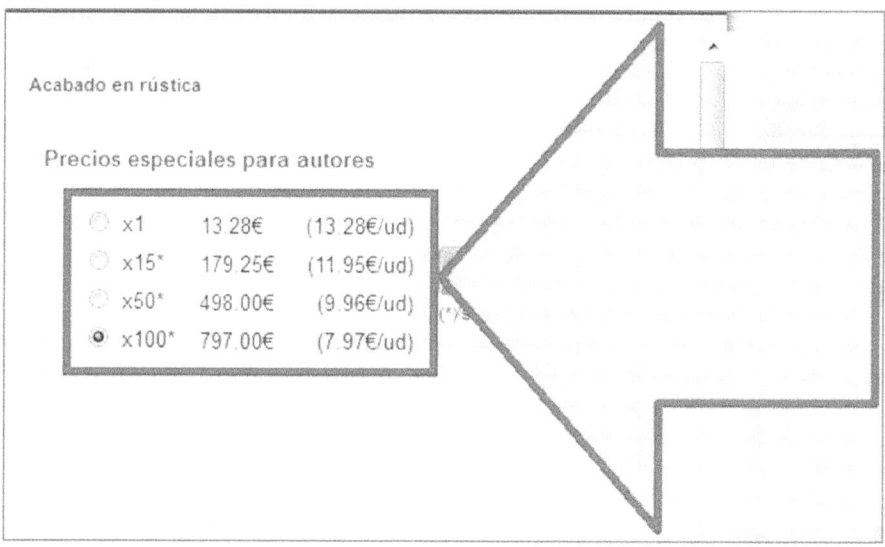

Además, BUBOK aparte de tener presencia en España, cuenta con sedes físicas en México, Colombia y Argentina, lo cual es un plus adicional para autores con lectores radicados en esos países. Si queremos que nuestros textos se encuentren a la disposición para la venta en esos países, basta con elegir esa opción dentro del abanico de alternativas que se encuentran en la página de información del libro, como se puede apreciar en la imagen siguiente:

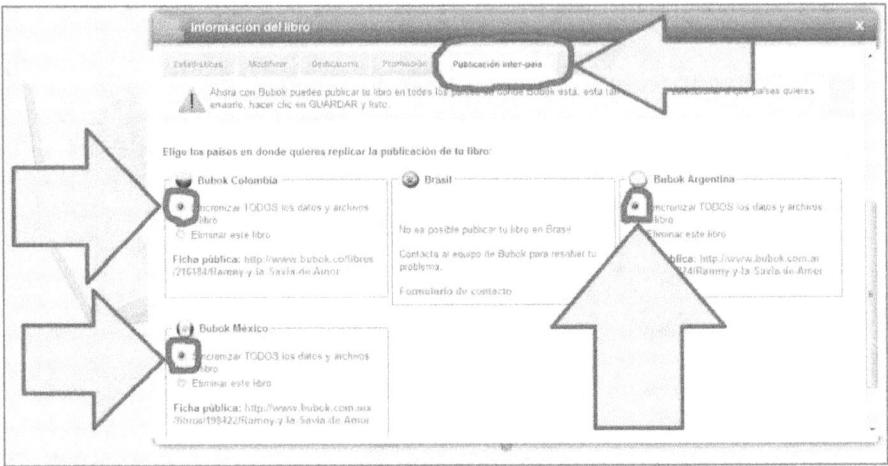

En fin, que cada quién tiene que hacer las comparaciones precisas a la hora de adquirir copias de su obra, especialmente aquellos que pretendan utilizar estos portales como simples mecanismos de impresión de sus textos para venderlos por su cuenta, o colocarlos directamente en sus librerías de confianza.

www.ingramcontent.com/pod-product-compliance
Lightning Source LLC
Chambersburg PA
CBHW051334170526
45166CB00002B/806